INHALT

Gehen wir zusammen shoppen?

Ostern, Muttertag, Nikolo, Weihnachten – geshoppt wird natürlich davor. Das tut deiner Geldbörse weh! Der Handel freut sich über solche Zeitpunkte, da wird normalerweise extrem viel eingekauft. Lass die anderen einkaufen gehen, aber du bist nicht dabei! Denn zu diesen Zeitpunkten werden die Preise sehr oft erhöht. Sei vorsichtig! Der Handel rechnet damit, dass dann im Freudentaumel über das bevorstehende Fest oder vielleicht sogar im Stress auch schneller zugegriffen wird. Du machst das aber nicht. Denn du besorgst deine Geschenke antizyklisch. Antizyklisch einkaufen bedeutet, dass du Produkte dann kaufst, wenn sie noch nicht gebraucht werden. Du schwimmst also gegen den Strom und bist nicht dabei,

wenn alle aus einem bestimmten Anlass einkaufen gehen. Das heißt so viel wie: Du besorgst alles dann, wenn das Fest noch gar kein Thema ist.
Als Mutter von drei Kindern war Weihnachten früher für mich immer eine extrem anstrengende Zeit.
Am 24. Dezember wollte ich nur noch eins – nein, nicht feiern, sondern bitte einfach nur schlafen dürfen. Der ganze Vorweihnachtsstress war mir einfach zu viel. Ach, fast hätte ich es vergessen. Ein bisschen zum Drüberstreuen: Zwei meiner Kinder haben im Dezember auch noch Geburtstag. Eines kurz vor Weihnachten und das andere ganz knapp danach. Also da kann man sich vorstellen, dass das immer eine sehr starke Zeit für mich war. Das hat sich aber gravierend geändert!

Ein Tipp für dich: Sammle schon während des Jahres wie ein Eichhörnchen, was du schenken willst, erstelle dir eine Notiz am Handy. Du kannst aber auch ein kleines Notizbuch bei dir in der Tasche haben. Immer wenn jemand von deinen Liebsten einen Wunsch äußert, schreib dir diesen auf. So denkst du schon unterm Jahr daran, Geschenke zu besorgen, und machst dadurch für dich vieles leichter. Stress vor Weihnachten, das kennst du so nicht mehr. Nutze z. B. den Schlussverkauf. Da findest du günstige Schnäppchen zu geringeren Preisen.
Ein „gescheiter Spruch“ von mir: Je mehr wir haben, desto mehr ist für diese Dinge zu sorgen und desto unfreier sind wir. Wichtige Anmerkung dazu: Ich lebe nicht minimalistisch, versuche jedoch, wenn ich etwas kaufe, es sehr

bedacht zu tun. Und natürlich kaufe ich manchmal etwas, was ich nicht brauche, und Frust- bzw. Stresskäufe mache ich auch immer wieder mal.

DEIN STÄNDIGER BEGLEITER – DAS SACKERL IN DEINER TASCHE

Das ist nur eine Kleinigkeit – ich weiß –, aber aus meiner Sicht dennoch eine wesentliche! „Wollen Sie ein Sackerl um XY Cent dazu haben?“ Ab sofort wird deine Antwort immer sein: „Nein, danke, ich hab meins mit dabei!“ Das Sackerl in der Tasche: Es spart Geld und gibt ein gutes Gefühl. Stimmt, es kostet nicht viel, das Papiersackerl, das du kaufen musst, wenn du keines mithast, aber gerade diese paar Cent tun weh, da sie eine ziemlich unnötige Ausgabe sind. Und mal ganz nebenbei, der Umwelt tut’s auch gut, dein Sackerl in der Tasche.

BERIESELUNG AUSSCHALTEN

Sag, fällt dir die Musik beim Einkaufen überhaupt noch auf oder gehört diese Berieselung schon zu deinem Leben dazu? Verstehe, du hörst sie gar nicht mehr so wie ich. Überprüfe das bitte beim nächsten Mal im Supermarkt. Mit der unterschwelligen, also fast nicht wahrnehmbaren Musik soll erreicht werden, dass du in eine gute Stimmung versetzt wirst. In eine kaufwillige Stimmung. Genau so will man dich dazu animieren, mehr einzukaufen. „Du bist sooo relaxt und deshalb gibst du jetzt mehr Geld aus“, säuselt dir die Musik zu. Aber du kannst die Berieselung abschalten.

Wenn du einkaufen gehst, nimmst du beim nächsten Mal einfach Kopfhörer mit und dann hörst du deine eigene Musik, die nicht dich nicht zu Käufen animieren soll. Natürlich – dem Einwand ist stattgegeben – wenn die Kids mit dabei sind, geht das natürlich nicht.

Kraftplatz

DU MUSST GAR NICHTS MÜSSEN!

Frag dich mal, wer deine stärkste Antreiberin bzw. dein stärkster Antreiber ist. Könnte es sein, dass du das selbst bist? Weil du perfekt sein möchtest, weil du alles richtig machen willst? Wie wär's, wenn du dir einen Tag nimmst, an dem nichts perfekt sein muss? Mach einfach das, was du stressfrei und locker schaffen kannst. Du wirst sehen, es ist ein easy-cheesy Tag mit genauso guten Ergebnissen.

„ZIEH MICH AUS!", RUFT DIE EIGENMARKE. „ICH BIN EIN ASCHENPUTTEL UND VERWANDLE MICH IN EINE PRINZESSIN – NUR FÜR DICH!"

Weißt du, dass die Eigenmarken oft von großen Markenartikelfirmen produziert werden? Jedoch das Gewand, also das Design der Eigenmarke, „angezogen" bekommen? Aus diesem Grund sind die Produkte günstiger. Natürlich werden die einen oder anderen Inhaltsstoffe verändert, um den günstigeren Preis zu rechtfertigen. Probiere mal eine Eigenmarke aus und finde den Unterschied heraus – oder gibt's vielleicht gar keinen so gravierenden? Ich kenne einen und zwar den Preis, der macht den Unterschied!

WIE BEIM ROULETTE - NIX GEHT MEHR

Einkaufen gehst du natürlich nur noch mit deinem eigenen Einkaufssackerl - klar - oder deinem Einkaufskorb. Aber jetzt kommt's! Bestimme, wie groß das Sackerl oder der Korb ist, und wenn dort nichts mehr reinpasst, wird auch nichts mehr gekauft. So kann der Einkauf nicht ausufern. Natürlich, wenn du eine Großfamilie hast, sollte das Sackerl selbstverständlich dementsprechend größer sein.

VERGISS DAS FITNESSSTUDIO!

Nach unten und oben recken, strecken und bücken! All das bringt dir Geld. Hä? Wie? Na ja, schau mal, wo die teuren Artikel im Supermarkt im Regal zu finden sind - weißt du es? Punktgenau! Die Produkte, die einen höheren Preis haben, sind in Augenhöhe, damit du sie sofort siehst und schwupps, schon zugreifst. Oben und unten im Regal sind jene Produkte, die günstiger sind. Wenn du dich im Supermarkt also ein bisschen bewegst bzw. Augengymnastik machst - oben, unten, links, rechts –, dann sparst du Geld. Das ist eine gute Sache. Du wirst fitter und dein Geldbörsl wird fetter, durch die Euros, die so zusätzlich übrig bleiben. Überprüfe bei deinem nächsten Einkauf, ob das wirklich stimmt. Die teuerste Ware ist oben rechts in Augenhöhe, die günstigste unten links.

Jetzt wirst du dich gleich fragen: „Warum meint Sylvia, das zu wissen?“ Zur Info nebenbei erwähnt: Ich arbeite schon seit 36 Jahren im Marketing. Ja, und im Marketing, also in der Werbung, da sind diese Tricks Alltag und werden ganz bewusst eingesetzt, um mehr Verkäufe zu erzielen.

Kraftplatz

WENN'S EINFACH ZU VIEL FÜR DEINEN KOPF WIRD

Wenn's zu viel ist, nimm dir die Zeit, setz dich nieder, nimm ein Blatt Papier und einen Stift und schreib alle deine Gedanken und Sorgen aus deinem Kopf raus – alles, was kommt. Natürlich ist es wichtig, dass du dabei Ruhe hast und dich niemand stören kann. Du wirst sehen, nicht nur dein Kopf wird freier, sondern auch du fühlst dich gleich viel leichter.

MORGENSTUND HAT GOLD IM MUND – DA SAG ICH GANZ FRECH: „DAS STIMMT NICHT!"

Zumindest trifft das nicht aufs Einkaufen zu, denn abends kaufst du auf jeden Fall günstiger. Gehst du am Abend einkaufen, sind die Preise oft reduziert. Waren, die rasch verderblich sind, sollen ja schließlich noch verkauft werden. Schau mal ins Regal, da wird Brot, das noch zu 100 Prozent in Ordnung ist, reduziert angeboten. Weil es am nächsten Tag nicht mehr angeboten werden darf.

Und am Wochenende, am Samstag, da ist es noch besser, denn kurz vor Geschäftsschluss macht man immer die richtigen Schnäppchen. Am Samstag kannst du z. B., wenn du Glück hast, das Essen für den Sonntag sehr günstig kaufen. Natürlich, eine Sache wird von dir verlangt und soll auch erwähnt werden: Hier ist deine Flexibilität gefragt. Du weißt im Voraus nicht, was verbilligt sein wird.

ICH HABE MICH BEFREIT!

Vor einigen Monaten habe ich meine Kreditkarte storniert. Ich wollte sie nicht mehr. Glaub mir, diese Entscheidung ist lange und sehr reiflich überlegt. Es wird einem ja ständig suggeriert: Ohne Kreditkarte kannst du nicht überleben. Wie bin ich zu dem Entschluss gekommen, keine Kreditkarte mehr haben zu wollen?

Früher habe ich teilweise einfach die Karte verwendet und etwas gekauft, was ich nicht wirklich gebraucht habe. Ein Einkauf funktioniert einfach bzw. das Bezahlen mit Kreditkarte ganz schnell und mühelos: Du zückst die Karte, zack! Und schon ist das Teil gekauft. Geld benötigst du vorerst keines. Am Ende des Monats machst du allerdings große Augen, wenn du auf dein Konto schaust. Immerhin hattest du dann einen Monat lang einen Kredit bei der Kreditkartenfirma. ABER es geht auch ohne diese Karte! Ich persönlich fühle mich jetzt viel freier.

Falls ich einen Flug buchen will – und das tu ich sehr selten

Kraftplatz

DAS WIRD EIN GUTER TAG

Du schlägst die Augen auf und machst es dir zur Gewohnheit, gleich in der Früh ein Lächeln auf deine Lippen zu zaubern. Du weißt, eine Minute Lächeln überlistet das Gehirn, und dann sagst du dir: „Das wird ein guter Tag!“ So wie du in den Tag „hineinrufst“, so wird er nämlich sein. Das heißt, du konzentrierst dich natürlich stets auf das Positive, fokussierst es. Du wirst sehen, positive Dinge werden dir demnach entgegenkommen.

–, mache ich das mit der Kreditkarte von Freundinnen oder Freunden. Vielleicht sagst du jetzt: „Ja, aber ich habe eh gar keine Kreditkarte.“ Dann sei glücklich. Meine Empfehlung – bitte lass das auch so.

NIMM DIE BRILLE MIT! ODER SCHAU GENAU!

Beim Einkaufen darf bei mir die Brille nie fehlen. Bitte nimm sie ebenso mit, vorausgesetzt du brauchst eine. Was will ich damit sagen? „Schau genau!“ Und warum? Damit du die Preise vergleichen kannst!
Auf den Preisschildern steht der Preis – klar – und dann ganz klein der Kilogrammpreis für das Produkt. Das ist gesetzlich vorgeschrieben. So soll es dir möglich sein, Waren mit gleichem Inhalt, aber mit unterschiedlichem Gewicht miteinander zu vergleichen. Der Haken an dieser Sache ist, dass die Vergleichspreise sehr klein gedruckt sind. Da solltest du wirklich ganz genau schauen – selbst mit Brille. Diesen Kilogrammpreis zu suchen und zu vergleichen, lohnt sich allerdings sehr, denn oft sind die Verpackungen so dimensioniert, dass Produkte mit dem gleichen Gewicht nicht auf den ersten Blick bemerkt werden. Die Verpackungen sind mal länger, mal breiter, und somit ist es uns Konsumentinnen und Konsumenten fast nicht möglich, das tatsächliche Gewicht der einzelnen Produkte allein aufgrund der Packungsgröße miteinander zu vergleichen. Bei diesen Preisvergleichen wirst du oft staunen, denn da gibt’s teilweise ganz schöne Unterschiede.

Kraftplatz

WIE SPRICHST DU MIT DIR?

Hast du dir schon mal zugehört, wie du während des Tages mit dir sprichst? Bist du liebevoll zu dir oder nennst du dich vielleicht „eine dumme Kuh"? Eigene Anerkennung, eigene Wertschätzung - das ist eine wichtige Sache. Denn wenn du dich selbst nicht wertschätzt, wie sollen es andere dann tun? Hör dir einen Tag zu und vielleicht kannst du etwas ändern, um in Zukunft netter zu dir selbst zu sein. Starte gleich heute.

BUNT, BUNTER, AM BUNTESTEN

Die großen Aufsteller im Supermarkt - ja, die locken uns an. In der Werbung bezeichnen wir das als Display. Damit meint man diese riesengroßen Kartons, die auf Paletten stehen, und zwar neben den Regalen. In den großen Kartons sind immer Produkte von einem bestimmten Unternehmen enthalten, aber in verschiedenen Variationen. Vor Weihnachten z. B. zum Thema Backen. Da gibt's in so einem Aufsteller Vanillezucker, Streusel, Backpulver, eben alles rund ums Thema und vom selben Unternehmen. Diese Aufsteller sind in schönen, bunten Farben gehalten und ja, ganz intensiv treten diese großen Kartons vor den Festtagen wie Ostern, Weihnachten oder Nikolo auf. In Rudeln sozusagen.

Dieser riesige Karton, diese bunten Farben sollen uns anlocken und zwar, um zuzugreifen, ohne viel nachzudenken. Ja, da machen wir Spontankäufe, denn wir meinen, die Ware sei dann vielleicht günstiger. Da sag ich dir nun: „Greif nicht zu, sondern lauf schnell weg!"

Und zwar zum Regal, in dem die Produkte normalerweise gelagert sind. Dann schau wieder auf den Grundpreis und vergleiche! In der Backzeit, also vor Weihnachten, habe ich einmal einen solchen Aufsteller gefunden. Ein Produkt im Aufsteller war teurer als das gleiche Produkt im Regal. Warum? Weil es im Regal noch mit einer preisgesenkten Aktion zu kaufen war, im Aufsteller jedoch nicht.

DIE SUMME AUS 1 + 1 GRATIS IST ... OFT NICHT GESPART!

Im Lebensmittelhandel – und ja, jetzt auch schon immer öfter im normalen Handel – gibt es eine bestimmte Art von Aktionen. Wenn du zwei Teile kaufst, dann wird's billiger. Multipacks nennt man diese Waren. Entweder sind sie gleich zusammengepackt oder du musst zwei von diesen Produkten kaufen, damit sich der Preis reduziert. Das Ziel des Handels ist dabei einfach und klar gesagt, dass du mehr einkaufst.

Sonderangebote, bei denen es um Mengen geht, sind nur dann wirklich optimal, wenn die Waren rasch verbraucht werden oder du z. B. eine Großfamilie hast – klar, dann schon. Auch bei Waren, die zu 100 Prozent gebraucht werden, wie z. B. Waschmittel oder WC-Papier, und natürlich ebenso bei Waren, die nicht so schnell verderblich sind, kannst du bei „1 + 1"-Angeboten auf jeden Fall zuschlagen. Hat man aber nicht die Möglichkeit, die Waren zeitgerecht zu verbrauchen, lagert man sich letztlich sehr viel ein und verliert oft den Überblick. So kommt der Vorteil der Ersparnis wie ein Flummi wieder zu einem zurück und zwar in Form von Schädlingsbefall oder verdorbener Ware.

Wenn du also keine klare Übersicht hast, was du alles in deinem Lebensmittellager verstaust, du nicht in einer Großfamilie lebst und die Produkte nur kaufst, weil 1 + 1 billiger sein soll, dann rate ich dir davon ab. Der einzige Gewinner ist in diesem Fall nämlich nur der Handel.

ABOS UND APPS KÜNDIGEN

Hast du einen optimalen Überblick über deine Abos oder Apps? Oder besitzt du einfach keine, dann überspring den Absatz bitte. Ansonsten: Durchforste deine Zahlungen bzw. die automatischen Abbuchungen vom Konto! Was wird alles eingezogen? Mach eine Aufstellung, wann welches Abo zu kündigen ist. Und frag dich vor allem selbst: „Nützt mir das Abo wirklich etwas?“ Oder stapeln sich die ungelesenen Zeitungen, die du so wahnsinnig gern hast, nur irgendwo in der Ecke, weil dir einfach die Zeit zum Lesen fehlt? Ist die Yoga-App abonniert, weil du Yoga machen wolltest, du kommst aber nie dazu? Kündige diese Apps! Finde heraus, wann das Abo zum nächsten Termin zu kündigen ist, und führe die Kündigung sofort durch!

WEIHNACHTSPAPIER, EIN THEMA FÜR EINE INTERESSANTE STUDIE

Wie viel Weihnachtspapier wird zu Weihnachten um die Geschenke gewickelt und dann heruntergerissen und weggeschmissen? Das würde mich interessieren. Da geht’s wahrscheinlich nicht um wahnsinnig viel Geld, aber ums Prinzip. Wenn du versuchst, Geld zu sparen, dann ist es – denke ich – interessant, auch diese scheinbaren Kleinigkeiten genauer zu betrachten. Ich selbst stelle mein Weihnachtspapier zum Einpacken der Geschenke aus Zeitungen her. Das ganze Jahr über sammle ich interessante farbige Seiten. Wenn du ab sofort dein Augenmerk darauf legst, schöne farbige Abbildungen zu suchen, dann wirst du sehen, dass es ganz viele davon gibt. Diese Blätter kommen immer in meine Weihnachtskiste. Ich verpacke die Weihnachtsgeschenke seit einigen Jahren ausschließlich in alte, bunte Zeitungen. Sieht echt cool aus und du kannst so die Geschenke sogar nach Themen verpacken. Also Tiere für die Tante Mizzi, Bilder mit cooler Mode für deine Schwester, Schwarz-Weiß-Seiten für den Onkel, der alles nur schwarz-weiß sieht ... alles ist möglich. Ich habe auch die Erfahrung gemacht, dass sich die Beschenkten sehr darüber freuen, wenn man a) kein Weihnachtspapier verschwendet und b) sich über sie Gedanken macht. Die Bilder in den Zeitungen sind teilweise hervorragend dafür geeignet. SHOCKING! Um Weihnachten werden rund zehn Prozent mehr Müll als sonst produziert. Das ist eine Zahl aus Deutschland, wo 8.000 Tonnen Verpackungsmüll aus Geschenkverpackungen anfallen.[1] Starten wir damit, uns und der Erde gekauftes Geschenkpapier zu ersparen.

---

1 Plastikrebell, Blogpost 17. November 2019, Weniger Müll an Weihnachten

WER DEN MUND NICHT AUFMACHT, DER MUSS DAS GELDBÖRSL ÖFFNEN

Kann dir etwas Schlimmes passieren, wenn du bei einem Einkauf nach einem Preisnachlass fragst? Das kostet Überwindung, klar. Ich sag dir jetzt allerdings: Es kann dir gar nichts, aber rein gar nichts passieren! Vielleicht wirst du mit großen Augen angesehen. Na und? Was soll's! Fragst du nicht, musst du mehr zahlen! Wenn du große Anschaffungen planst, ist es nach wie vor üblich, über den Preis zu verhandeln. Biete Barzahlung statt Kreditkartenzahlung an oder einfach eine rasche Überweisung. Die Firmen müssen nämlich ans Kreditkartenunternehmen eine Gebühr abliefern. Dann doch lieber einen Teil vom Geld an dich abgeben, oder? Das Verhandeln über den Preis, kann echt zu einer Sucht oder zu einem Spiel werden. Wichtig ist dabei, immer achtungsvoll zu verhandeln und dem Gegenüber nicht „die Hosen auszuziehen“. Aber ein bisschen Nachlass beim Verhandeln ist immer drin.

REKLAMIERE, WAS DAS ZEUG HÄLT!

Ein Produkt hat nicht das gehalten, was versprochen wurde? Hast du dir etwas anderes erwartet? Ist z. B. eine Germ nicht optimal aufgegangen? Ist deine geliebte Schokolade außen weiß anstatt schön dunkelbraun? Ein Waschmittel nicht so wie immer? Oder der Duft vielleicht

zu intensiv? Egal! Große Unternehmen haben oft eigene Reklamationsabteilungen, die sich ausschließlich nur mit Reklamationen beschäftigen. Warum? Weil wir im Zeitalter der sozialen Medien leben und kein Unternehmen einen Shitstorm auslösen möchte. Vor allem auf Facebook oder Instagram will man über sein eigenes Unternehmen nur positive Kommentare lesen. Kundinnen und Kunden sollen positiv gestimmt sein. Zufriedene Menschen sind das A und O in der Kundenwelt.
Meine Idee, kein Ratschlag, aber vielleicht ein guter Hinweis: Schreib dir bitte in keinem Forum den Frust von der Seele! Wenn du dennoch das Bedürfnis dazu verspürst, schreib dem Unternehmen und schicke ein Bild von der beanstandeten Ware mit. Und dann warte ab – vielleicht bringt dir die Post bald ein Paket mit einer Entschädigung.

Kraftplatz

ZEITEN WICHTIGER ENTSCHEIDUNGEN

Ja, in Zeiten wichtiger Entscheidungen miste ich bewusst aus. Meine Kleidung, Schuhe, Bücher ... und ich fühle mich damit freier. Ich kann danach meine Entscheidungen leichter treffen. Versuch's mal!

DIE TRINKFLASCHE – EINE GUTE ALTERNATIVE

Lerne deinem Kind, eine eigene Trinkflasche zu benützen. Ihr könnt euch gemeinsam eine aussuchen. Dein Kind wählt das Design aus, damit die Flasche gut gefällt. So sparst du Plastikflaschen, die du unterwegs kaufen musst.

DIE EINKAUFSLISTE – SO GIBT'S KEINE VERFÜHRUNG MEHR!

Die gute alte Einkaufsliste. „Boah! Bitte nicht!", höre ich einige von euch schon schnaufen. Na gut, dann speichere dir deine Einkaufsliste doch einfach am Mobiltelefon ab. Worum geht es? Es geht darum, zu Hause, wenn dein Magen vollgefüllt ist und du keinen Hunger hast, eine Liste zu erstellen. Du schreibst auf, was du brauchst. So gehst du nun fast wie mit Scheuklappen an den Angeboten vorbei. Du schenkst den reizvollen Aktionen, die dich verführen wollen, keinen Blick. Wenn du ein Kind hast, wird deine Tochter oder dein Sohn auf diese Weise etwas Wichtiges von dir lernen und zwar Disziplin. Bei der Kassa klopfst du dir dann selbst auf die Schulter und erweist dir Respekt für deine Standhaftigkeit. Schau mal, wie viel Geld mehr in deinem Börsl bleibt. Ich gehe jetzt seit einigen Monaten mit meiner Einkaufsliste einkaufen und das ist bei mir richtig gut angekommen. Ich habe meine Liste, gehe mit dieser durch den Supermarkt und fertig. Spontankäufe vermeide ich so sehr gut.

RABATTKARTEN – DA STECKT BARES GELD DRIN

Vorab – ja, ich bin vollkommen deiner Meinung. Die Lebensmittelmärkte und Shops wissen mit dem Rabattsystem alles über dich. Was du kaufst, wann du kaufst, welche Produkte du bevorzugst, bio oder auch nicht, wann du in den Markt kommst und ob du auf Vorrat einkaufst, ob du Single bist oder eine Großfamilie hast. Es ist natürlich dir überlassen, ob du dich so „ausziehen“ willst. Für diesen „Striptease“ bekommst du jedoch Prozente und das nicht zu knapp. Zehn Prozent auf einen Monatseinkauf, 25 Prozent auf ein Produkt deiner Wahl. Geh beim Einlösen deines Zehn-Prozent-Bonus taktisch vor und löse ihn für einen Großeinkauf ein. So sparst du viel Geld. In meinem Bekanntenkreis gibt es wirkliche Weltmeisterinnen und Weltmeister im Einlösen von Rabatten.

Zwei sehr böse Ideen:

1. In letzter Zeit gibt es in Zeitungen immer wieder Pickerlkarten als Beilage, mit denen man Prozente auf mehrere Produkte seiner Wahl bekommt und die für einen bestimmten Zeitraum gültig sind. Mal angenommen, du gehst ins Geschäft, klebst die Pickerl auf die Produkte und beim Bezahlen werden sie dann nicht heruntergenommen. Dann gehst du nach Hause und klebst die Sticker auf etwas, wovon man sie wieder ablösen kann. Beim nächsten Einkauf kannst du sie dann wiederverwenden. Natürlich prüfst du vorher, ob auf der Karte steht, wie oft die Pickerl verwendbar sind.

2. Wenn du Verwandte oder Freundinnen und Freunde hast, die sich das mit den Rabattkarten nicht antun wollen oder diese nicht brauchen, lass dir die Kundenkarte doch einfach von ihnen schenken. Dann hast du die Chance, öfter einen Zehn-Prozent-Monatsbonus-Einkauf zu machen.

SO WIE FRÜHER …

Bei uns in der Kleinstadt gibt es Bäuerinnen und Bauern. In der Großstadt gibt es oft Bauernmärkte. Das Gemüse, welches man bei der Bäuerin oder dem Bauern bekommt, ist aus der Gegend. Uns Menschen tut es gut, das zu essen, was gerade wächst und nicht lange Transportwege hat. Am Bauernhof sind die Preise teilweise niedriger als im Supermarkt. Natürlich, an den Kartoffeln klebt oft noch Erde, aber das ist so bei den Bäuerinnen und Bauern ums Eck. Denn: Erde auf Kartoffeln ist gut, sie bleiben so nämlich länger geschützt und somit frisch. Im Supermarkt ist alles sauber und vorgeputzt. Mach doch einen Abstecher zum Bauernhof oder zum nächsten Wochenmarkt in deiner Nähe!

MEIN MOTTO: QUALITÄT HÄLT LÄNGER UND GEIZ IST NICHT GEIL

Ich warte und spare lieber, bis ich mir ein Kleidungsstück kaufen kann. Dann wähle ich das hochwertigere Stück statt des billigeren. Warum? Aus meiner Sicht leben hochwertigere Kleidungsstücke länger. Ich liebe es, wenn ich Kleidungsstücke 15 Jahre oder länger trage, denn ich lasse mir von der Mode nichts diktieren, sondern entscheide selbst, was für mich modern ist. Deshalb kaufe ich, wenn ich es mir leisten kann, lieber weniger und dafür hochwertige Kleidung, die mich lange begleitet.

Lebensmittel und alles, was dazugehört

Ein kurzes Quiz zur Einstimmung: Was meinst du? Wie viele Kilogramm an Lebensmitteln werden in der EU pro Person und Haushalt jährlich weggeworfen? Ich meine, es ist einfach mal gut, sich diese Zahlen vor Augen zu führen und nicht wegzusehen. Also, was schätzt du nun, wie viel wirft jede und jeder Einzelne von uns pro Jahr weg? 15 Kilogramm? Vielleicht 30, 40, 70 oder sogar 100 Kilogramm? Hier die Auflösung: In Österreich landen jährlich über 521.000 Tonnen genießbarer Lebensmittel im Müll. Das sind pro Person fast 60 Kilogramm pro Jahr (Einwohner Ö 8.917.205 2020).[2]
Die Lebensmittelabfälle, die bereits in der Landwirtschaft anfallen, sind hier noch nicht miteingerechnet. In der

2 www.wwf.at/nachhaltig-leben/lebensmittelverschwendung

Landwirtschaft entstehen Abfälle z. B. durch Karotten oder Gurken, die nicht der Norm entsprechen. Diese werden sofort wieder eingeackert. Für diesen Bereich gibt es aber keine verlässlichen Daten. Schätzungen der Universität für Bodenkultur Wien gehen von zusätzlich mindestens 116.000 Tonnen Lebensmittelabfällen auf den Feldern aus.[3] Wenn du dich jetzt fragst: „Was hat das alles damit zu tun, dass mir mehr Geld in meinem Geldbörsl bleiben soll?“, so sag ich dir Folgendes: „Wenn wir etwas kaufen und es dann wegwerfen, ist es in etwa so, als würden wir unser Geld anzünden oder zum Fenster hinausschmeißen.“

Natürlich! Auch mir passiert es manchmal, dass Lebensmittel nicht mehr zu verwenden sind. Diese hohen Zahlen stimmen mich jedoch sehr nachdenklich.
Und nun die alles entscheidende Frage: Wie können wir in unserem Haushalt, bei unseren Lebensmitteln damit beginnen, etwas zu verändern und gleichzeitig unser Sparschwein etwas zu fetter machen?
Diese Antwort findest du im nächsten Kapitel.

Kraftplatz

DANKBARKEIT BRINGT DICH VORAN

Wie immer: Bitte Stift und Papier zur Hand nehmen, ruhigen Ort aufsuchen und Telefon ausschalten. Stell dir folgende Frage: Was erfüllt mich in meinem Leben mit Dankbarkeit? Mach so eine Dankbarkeitsliste sie kann ganz schön lang werden und dich zufrieden stimmen.

3 www.boku.ac.at – Lebensmittelabfälle – erkennen und vermeiden

Lebensmittelverschwendung

Weltweit

1,3 Mrd. Tonnen
Lebensmittel werden
pro Jahr weggeworfen

In Sachen Stopp der Lebensmittelverschwendung tut sich viel in Österreich.
Hier ist z. B. die Wiener Tafel aktiv:

DIE WIENER TAFEL

Die Wiener Tafel ist Österreichs ältester Umwelt- und Sozialverein. Bei der Tafel, die im 23. Bezirk in Wien ihren Standort hat, werden genusstaugliche Lebensmittel und andere Güter des täglichen Bedarfs vor dem Müll gerettet. Mit den Lebensmitteln werden armutsbetroffene Menschen in Sozialeinrichtungen versorgt.
20 Prozent des Gewinns dieses Buches werden an die Wiener Tafel weitergegeben. Wer schon jetzt selbst einen Betrag an die Tafel spenden will, kann dies mit einer Überweisung an die Tafel tun.
Wiener Tafel – IBAN: AT09 2011 1310 0530 3005

TIPPS UND TRICKS – MHD UND ALLES, WAS DAZUGEHÖRT

Was ist das MHD? Darunter versteht man das Mindesthaltbarkeitsdatum eines Produktes. Vorausgesetzt du lagerst das Produkt korrekt, wird es dich bis zu diesem Tag garantiert mit seinem Geruch, seiner Farbe und seinem Geschmack erfreuen. Die Industrie drillt uns jedoch so sehr auf dieses Datum, dass wir fast schon Angst bekommen, wenn es auch nur um einen Tag überschritten ist. Es wird suggeriert, dass das Produkt, welches das Mindesthaltbarkeitsdatum überschritten hat, für uns Menschen fast schon „giftig“ wäre. Ich übertreibe jetzt natürlich. Datum überschritten – und tschüss, ab in den Mistkübel, du „schlechtes“ Produkt! Bitte lass dich hier nicht verunsichern! Es gibt da eine interessante Formel, die lautet

R+A+K+G = essen noch möglich.[4]

R = Riechen

A = Ansehen

K = Konsistenz

G = Geschmack

Also Riechen, Ansehen, Konsistenz und Geschmack. Diese vier Punkte zeigen dir, ob ein Produkt noch essbar ist.

4 www.wienertafel.at

Das MHD darf man allerdings nicht mit dem Verbrauchsdatum verwechseln, das leicht verderbliche Lebensmittel – wie beispielsweise frisches Fleisch, Fisch, Faschiertes oder rohes Geflügel – kennzeichnet. All diese Produkte dürfen laut Lebensmittelrecht ausschließlich bis zum genannten Datum verbraucht werden.
Bei leicht verderblichen Lebensmitteln musst du bitte auch unbedingt darauf achten, die Kühlkette nicht zu unterbrechen und immer die empfohlene Lagerung einzuhalten.

Also kurz gesagt:

Mindesthaltbarkeitsdatum	Verbrauchsdatum
Viele Produkte sind bei richtiger Lagerung und bei Unversehrtheit der Verpackung noch nach Ablauf dieses Datums einwandfrei genießbar.	Sehr leicht verderbliche Produkte wie frisches Fleisch oder frischer Fisch haben ein Verbrauchsdatum und sollten nach dessen Ablauf nicht mehr verzehrt werden.

Kraftplatz

SCHALTE STÖRFAKTOREN AUS!

Ich meine damit beim Essen. Wenn du isst, konzentriere dich auf dein Essen! Dann kannst du es wirklich wahrnehmen. Du hast die Möglichkeit, dass du einen Bissen – lach jetzt nicht – dreißigmal kaust, denn unsere Verdauung beginnt schon im Mund. Kaust du gut, ist die Verdauung einfacher.

WIE LANGE SIND **GEWISSE LEBENSMITTEL** ÜBER DAS **MINDESTHALTBARKEITSDATUM HALTBAR?**

Das MHD ist kein Verfallsdatum! Viele Lebensmittel sind – eine entsprechende Lagerung und Unversehrtheit der Verpackung vorausgesetzt – auch längere Zeit nach Überschreiten des Mindesthaltbarkeitsdatums genießbar!
Diese Tabelle hilft Ihnen, besser einzuschätzen, wie lange bestimmte Produkte üblicherweise über das MHD hinaus haltbar sind.

RICHTWERTE

Lebensmittel	*Beispiele*	*bis zu … haltbar über MHD*
KURZE HALTBARKEIT		
Feinkosterzeugnisse	Wurstsalat, Shrimpssalat, Eisalat	2 Tage
Brot und Kleingebäck	verschiedenste Brotsorten, Semmeln, Kornspitz, Müslistangerl, Laugengebäck	2 Tage
Feinback- und Konditorwaren mit Creme und Frucht	Obstkuchen, Topfengolatschen	2 Tage
Frischmilch	Trinkfertig	2 Tage
Schlagobers	Schlag-, Kaffeesahne	2 Tage
Salate gewaschen & essfertig	Rucola, Vogerlsalat	3 Tage
Kochpökelware	Selchkarree, Selchroller, Kaiserfleisch, Frühstücksspeck	3 Tage
Milcherzeugnisse (ausg. Käse und Butter)	Joghurt, Buttermilch, Molke, Crème fraîche	5 Tage
Feinback- und Konditorwaren	Mürbteiggebäcke, Marmorkuchen, Schokokokoskuchen, Hefezöpfe	5 Tage
BESCHRÄNKTE HALTBARKEIT		
Fertiggerichte pasteurisiert/gekühlt	Verschiedene Pfannengerichte	7 Tage
Würste, Brühwürste	Frankfurter	7 Tage
Würste aus Geflügelfleisch	Putenkäsekrainer, Frankfurter, Knacker	7 Tage
Frischkäse	Hüttenkäse, Topfen, Ricotta, Mascarpone	10 Tage

Quelle: *Gutachten*, MA 38 – Lebensmitteluntersuchung Wien; *„Circulaire relative aux dispositions applicables aux banques alimentaires et associations caritatives", Agence fédérale pour la Sécurité de la Chaine alimentaire*, August 2013, Belgien

BESCHRÄNKTE HALTBARKEIT		
Schokolade	Ungefüllt, pur und gefüllt	14 Tage
Marinaden, Dressings, emulgierte Saucen ohne Eier	Kräuter-, Knoblauchdressing, Currysauce, Teriyaki-Marinade	
Schnitt-/Hartkäse	Edamer, Gouda, Weinkäse, Bergkäse, Emmentaler	21 Tage
Butter und Butterschmalz	Tee-, Sommerbutter	
Eier	Nur vollständig durcherhitzt	
LANGE HALTBARKEIT		
Süßwaren	Waffeln, Schnitten, Gummibären, Fruchtgummi	28 Tage
Nüsse und Erdnüsse in der Schale	Wal-, Erdnüsse, Pistazien	
Geschälte oder geriebene Nüsse	Wal-, Haselnüsse, Mandeln	
Kerne und Samen	Cashews, Sonnenblumenkerne, Kürbiskerne, Leinsamen	
Fruchtsäfte, Obstsirupe und Fruchtkonzentrate	Apfelsaft, Orangensaft, Verdünnungssäfte	
Haltbarmilch	Trinkfertig	
Pflanzliche Fette, Margarine	Kokosfett, Back-, Pflanzenmargarine	
Pflanzliche Öle	Sonnenblumen-, Walnuss-, Oliven-, Hanföl	
Mayonnaisen und verwandte Erzeugnisse	Salatmayonnaise, Sauce Tartare	
Speisesenf	Scharfer und süßer Senf, Englischer Senf, Dijon-Senf	
Zerealien	Früchte- und Getreidemüsli, Cornflakes, Amaranth, Quinoa	2 Mon
Pulvrige Nahrungsmittel (fetthaltig)	Suppen-, Milchpulver, Instantsuppen	
Knabbergebäck	Kartoffelchips, Tortillas, Soletti, Erdnussflips, Cracker	
SEHR LANGE HALTBARKEIT		
Salz, Zucker	Speisesalz, Meersalz, Würfel-, Puder-, Vanillezucker	1 Jahr
Teigwaren (trockene Nudeln)	Suppennudeln, Spaghetti, Tagliatelle, Makkaroni	
Reis	Rundkorn-, Basmati-, Vollkornreis	
Mehl	Mehle verschiedener Getreidesorten	
Pulvrige Nahrungsmittel	Puddingpulver, Backpulver	
Konserven	Gemüse-, Obst-, Sauer-, Fisch- und Fleischkonserven, Dosensuppen, Fertiggerichte	
Honig, Sirup	Blüten-, Waldhonig, Ahornsirup, Saftkonzentrate	
Harte Süßigkeit	Zuckerl, Schlecker, angesäuerte Bonbons	
Gewürze, Gewürzextrakte und Würzsaucen	Pfeffer, Salz, Gewürzzubereitungen, Chillisauce, Sojasauce	
Kakao- und Kakaoerzeugnisse	Kakaopulver, Kakaobutter	

Quelle Wiener Tafel – www.wienertafel.at/ist-das-noch-gut/

♥ Herzlichen Dank für diese sinnvolle Tabelle an die Wiener Tafel.

BITTE NICHT IN DEN MÜLL - DA GEHT NOCH WAS

Semmeln kann man zu Semmelbröseln mahlen, so verwendet man alte Semmeln noch sinnvoll. Oder man nützt die harten Semmeln für die Süßspeise „Scheiterhaufen". Da ist es sogar nötig, festere Semmeln zu verarbeiten.

Schneide altes Brot in kleine Stückchen. Lagere es in Papiersäckchen. Röste es bei Bedarf kurz in Butter an. Das ist eine perfekte Suppeneinlage. Köstlich!

OBST UND GEMÜSE - DIE RICHTIGE LAGERUNG

Wir können uns viel Geld ersparen, wenn wir Obst und Gemüse richtig lagern. Kennst du dich damit aus? Falls nicht, alles klar! Ich helfe dir gern dabei. Zuerst erzähl ich dir mal eine Geschichte. Wenn du nicht gern Geschichten liest, überspring den Absatz einfach.

So wäre es wunderbar: Warm ist es heute - herrlich! Mittagszeit - ich gehe aus der Küche in den Garten. Die Sonne scheint mir ins Gesicht, die Bienen summen. Ich beuge mich zu Boden und meine Hand greift nach einem Büschel Oregano. Langsam fahre ich an den Stängeln des grünen Krautes entlang, berühre sachte die kleinen pelzigen Blätter.
Herrlich, dieser Sommer! Dann wende ich mich den Gemüsebeeten zu. Was ernte ich heute aus meinem Garten? An Rispen ziehen sich saftig knallrote Paradeiser

Kraftplatz

WENN ICH NICHT SCHLAFEN KANN

Na ja, manchmal fordert mich das Leben schon und dann wache ich in der Nacht plötzlich auf und merke: Da beschäftigt mich anscheinend eine Sache sehr. Wenn ich weiterschlafen will, dann lege ich meine linke Hand auf mein Herz, meine rechte Hand auf meinen Bauch unter den Nabel und beobachte meine Atmung. Ich ändere nichts, ich beobachte nur. So werde ich automatisch ruhiger und stiller ... und irgendwann schlafe ich ein.

die Rankstöcke entlang. Das wäre eine klasse Farbe für einen coolen Lippenstift, denke ich. Ich zupfe einen Paradeiser ab, er fliegt fast in meine Hand.
Schnell wandern zwei Handvoll in den Korb, dann noch eine Gurke und – im Vorbeigehen rasch gezupft – zwei Stängel vom Oregano. Was blitzt denn da hervor? Dick und reif ruft mir eine Melanzani zu: „Pflück mich!“ Das lasse ich mir nicht zweimal sagen und drehe die Frucht sanft von der Pflanze. Was gibt es Schöneres, als die Schätze zum Kochen frisch aus dem eigenen Garten zu holen. Bumm! Sag mal, träumst du jetzt? Kurz schüttle ich den Kopf und öffne die Augen. Ich sitze gedankenverloren im Auto. Da habe ich doch wirklich einen netten Tagtraum gehabt. Schön, ja, wirklich traumhaft wäre so ein eigener Garten – stimmt! Einkaufen im Supermarkt ist jedoch oft die Realität.
Rasch nach der Arbeit noch ins Geschäft gelaufen. Die Klimaanlage beim Kühlregal ist schon wieder zu frostig eingestellt. Hätte ich mir zum Einkaufen doch nur eine dünne Jacke mitgenommen, schnell weg da. Ich husche

den Gang entlang zu den Gemüse- und Obstregalen. Ab mit euch ins Einkaufswagerl! Diese Melanzani schaut knackig aus, eine Zucchini für die Suppe morgen und ein Körberl Paradeiser … ach, und da die Paprika im Angebot, die nehme ich auch gleich mit. Ob die draußen auch noch so rot aussehen werden wie hier im Neonlicht? Ich inspiziere das Gemüse. Ja, die Melanzani sieht gut aus. Das kann ich riskieren und wenn ich sie richtig lagere, passt das. Das Gemüse vom Supermarkt bleibt viel länger frisch, wenn es richtig gelagert wird. Nun, worauf kommt es bei der Lagerung der unterschiedlichen Obst- und Gemüsesorten genau an? Lies mal weiter, es ist sehr interessant! Vor allem wird ab sofort viel weniger verderben, das ist ganz sicher, und somit bleibt dir mehr Geld in deinem Geldbörsl. Welches Gemüse und Obst welche Lagerung bevorzugt, um länger frisch zu bleiben und die Vitamine zu erhalten, schauen wir uns jetzt an:

GEMÜSE UND OBST ZUSAMMENGEWÜRFELT LAGERUNG AUF EINEN BLICK!

	Kühlschrank		Ethyleninfo		Info/Tipp
	JA	NEIN	bildet Ethylen	ethylen-empfindlich	
Apfel	X		x		
Avocado	X	X	x	x	mit Kern hält die halbe Frucht länger; harte Frucht nie im Kühlschrank lagern; reife schon
Banane		X	x	x	Strunk (= Stiel) mit Firschhaltefolie umwickeln – hält so länger
Himbeere, Heidelbeere	X			x	nur kleine Mengen kaufen, rasch verderblich, ungewaschen lagern; kurz vor dem Essen waschen

	Kühlschrank		Ethyleninfo		Info/Tipp
	JA	NEIN	bildet Ethylen	ethylen-empfindlich	
Birne	X			x	nicht in der Nähe von Äpfeln lagern
Brokkoli	X			x	in ein feuchtes Tuch gewickelt länger haltbar
Erdbeeren	X				in einem Aufbewahrungsbehälter im Gemüsefach lagern; teamfähig – kann man auch mit anderen Obstsorten gemeinsam lagern
Fenchel	X				nicht lange haltbar, wird schnell braun
Fisole	X				rasche Verarbeitung ratsam; bekommen leicht braune Stellen; werden schnell „schlapp"
Gurke		X			sehr kälteempfindlich
Ribisel, Johannisbeere	X			x	auf einen Teller geben und dann im Kühlschrank lagern
Karfiol	X				
Kartoffel		X			Lagerung im Keller oder an einem dunklen Ort und in einem Sack hängend, wenn möglich
Kirsche	X				Stiel nicht entfernen; bleiben damit länger haltbar; nach zwei bis drei Tagen essen
Knoblauch		X			trocken und kühl lagern, zu Zöpfen geflochten aufhängen
Kohl	X				kühl und dunkel lagern; nicht neben Äpfeln oder Paradeisern lagern; reift schneller bei Ethylen
Kürbis	X				beste Lagerung zwischen zwölf und 16 Grad Celsius; Kellerlagerung vorzuziehen; gut haltbar durch Einfrieren
Mango		X		x	Lagerung bei Zimmertemperatur optimal, nur angeschnitten in den Kühlschrank

	Kühlschrank		Ethyleninfo		Info/Tipp
	JA	NEIN	bildet Ethylen	ethylen-empfindlich	
Mangold	X				in einem feuchten Tuch lagern; nicht lange haltbar
Marille	X		x		einfrieren gut möglich; langsam bei Zimmertemperatur auftauen
Melanzani		X			Lagerung bei Zimmertemperatur optimal
Melone		X			angeschnitten im Kühlschrank lagern – höchstens zwei bis drei Tage
Nektarine	X		x		
Orange		X			
Paprika		X			verliert im Kühlschrank an Geschmack
Paradeiser		X	x		verliert im Kühlschrank an Aroma
Pfefferoni		X			im Glas mit Essig gut haltbar
Pfirsich	X			x	
Pilze	X				nicht in Folie lagern
Radieschen	X				Wurzeln und Grünzeug entfernen; bleiben so länger frisch
Rhabarber	X			x	in ein feuchtes Tuch einschlagen
Salat	X				
Spargel	X				eingewickelt in ein feuchtes Tuch hält der Spargel länger; frisch, wenn Schnittstellen saftig sind
Spinat	X				schnell verbrauchen
Trauben	X			x	nehmen Gerüche an
Wurzelgemüse Karotten, rote/gelbe Rüben, Zeller	X				
Zucchini		X			nie unter fünf Grad Celcius lagern
Zwiebel		X			dunkel lagern
Zwetschke	X		x		Lagerung zwei bis zehn Tage möglich; nicht eng lagern

Frage und gleich die Erklärung dazu: Was ist Ethylen? Ethylen ist ein Kohlenwasserstoff. Obst und Gemüse, das reift, produziert bei der Lagerung Ethylen. Dadurch kann es vorkommen, dass anderes Obst und Gemüse schneller reif wird.

PILZE LIEBEN DIE SAUNA

Achtung! Glaub mir nichts, denn das ist jetzt eine klare Irreführung: Hast du Pilze gekauft, dann kannst du ihnen eine sehr große Freude machen, wenn du sie besonders lange in ihrer Plastikverpackung aus dem Supermarkt lässt. Es fühlt sich für die Pilze dann nämlich so an, als wären sie in der Sauna. Pilze lieben und genießen das warme Klima und beginnen, wie in der Sauna zu schwitzen. Was dazu führt, dass sie Wasser lassen. Ein Punkt für dich – stimmt –, die Plastikverpackung aus dem Supermarkt ist selbstverständlich absolut keine optimale Lagerung für unsere geliebten Schwammerl. Wenn deine Pilze also länger frisch bleiben sollen, muss es natürlich eindeutig heißen: „Raus aus dem Plastik und ab ins Papiersäckchen!* Funktioniert natürlich auch mit einem Baumwolltuch. Die optimale Aufbewahrung findet im Gemüsefach im Kühlschrank statt. Und noch etwas: Pilze lieben es, sich zu „beduften". Wenn du willst, dass sie ihren Eigengeruch bewahren, dann bitte nicht zu Käse legen. Pilze „parfümieren" sich gern mit Käsegeruch. ** Papiersäckchen werfen wir prinzipiell nicht weg. Wenn wir welche in der Bäckerei bekommen, heben wir sie auf und nutzen sie z. B. – ja, genau – für Pilze.*

Kraftplatz

ANSPANNEN UND ENTSPANNEN

Das kann man lernen. Es gibt eine Muskelentspannung nach Jacobson, vielleicht findest du eine in einem YouTube-Video. Es ist wirklich nicht schwierig. Man lernt, sich bei Anspannungen auch wieder zu entspannen.

KAROTTEN – SCHLAFF, SCHLAFFER, AM SCHLAFFSTEN

Ist dir das auch schon einmal passiert? Karotten werden schnell schlaff. Am Markt oder im Supermarkt lachen sie dich knackig an. Nach einem Tag zu Hause sind sie jedoch schnell gummiartig.

Und so hast du an deinen Karotten länger Freude:

1. Raus aus dem Plastik, falls die Karotten in einem Plastiksäckchen sind!
2. Das Grünzeug gehört gleich entfernt, sonst werden die Karotten schneller kaputt. Warum? Ich sag's dir: „Das Grünzeug braucht Wasser und entzieht der Karotte die Feuchtigkeit." – Einleuchtend, oder?

Na klar! Und schon verwerten wir gleich das Karottengrün zu einem guten Pesto.

KAROTTENGRÜN-PESTO

Zutaten:

150 g Karottengrün, 1 Knoblauchzehe (gepresst, da so besser für uns Menschen verdaulich), 100 g Nüsse (wähle zwischen Mandeln oder Walnüssen von Bäumen im öffentlichen Raum), 130 ml Olivenöl, 1 Prise Salz

Zubereitung: Karottengrün waschen, abtrocknen, starke Teile des Stiels entfernen, grob hacken, Knoblauchzehe pressen und daruntermischen, alle Zutaten (auch das Öl und das Salz; wenn du magst, gibst du gern auch etwas Pfeffer dazu) im Mixer zerkleinern, in einem Einmachglas im Kühlschrank bis zu vier Wochen haltbar. Bitte dann noch Öl oben auf das Pesto gießen – das macht es haltbarer.

3. Karotten brauchen es feucht. Schlag die Karotten deshalb in ein feuchtes Tuch ein und ab mit ihnen in die Gemüselade.
So bleiben sie lange frisch – versprochen!

Welche Nachbarn können Karotten nicht leiden? Ein No-Go ist die Lagerung von Karotten neben reifen Äpfeln, Birnen oder Paradeisern. Aus Ärger über diese ungeliebten Kollegen werden die Karotten nämlich bitter.

KARTOFFELN SIND WIE SONNENSTRAHLEN!

Ja! Sie sind wie Sonnenstrahlen, vor allem wenn man sie zu Pommes macht. Trotzdem lieben es Kartoffeln dunkel und nicht zu warm, denn so bilden sie keine Triebe. Die Triebe saugen die Nährstoffe aus den Kartoffeln, wodurch diese schrumpfen. Genießbar ist das Gemüse allerdings auf jeden Fall auch noch, wenn es Triebe hat. Da diese jedoch giftig sind, muss man sie vor der Zubereitung unbedingt wegbrechen. Am Geschmack wirst du es jedoch ohnehin sofort merken, wenn Kartoffeln ausgetrieben haben. Die Kartoffeln schmecken dann leicht bitter. Am liebsten lagern

Kartoffeln im Keller oder in der Speisekammer, in der es kühl sein sollte. Optimal ist es, wenn man auf die Kartoffeln ein Tuch legt, denn so dringt kein Licht zu ihnen vor. Achtung! Sind Kartoffeln grün, dann sind diese nicht grün hinter den Ohren, sondern gehören nicht mehr auf den Teller: Kartoffeln mit grünen Flecken sind zu hell gelagert worden. Solanineinlagerungen nennt man die grünen Stellen und diese sind giftig. Du wirst es auch am bitteren Geschmack erkennen. Die ideale Lagertemperatur von Kartoffeln liegt zwischen fünf und acht Grad Celsius.
Die mögen sich nicht: Kartoffeln und Zwiebeln gemeinsam zu lagern, ist nicht gut. Stimmt, beide wollen es zwar kühl und dunkel, aber Zwiebeln faulen, da sie die Feuchtigkeit der Kartoffeln leicht aufnehmen. Und noch etwas: Äpfel bitte auch nicht neben die Kartoffeln legen! Äpfel verströmen nämlich das Gas Ethylen. Dieses führt bei Kartoffeln zu einer schnellen Reifung und in weiterer Folge zu Fäulnis.

ALLES RUND UM DIE ZWIEBEL

Wenn du Zwiebeln länger optimal lagern willst, dann im Keller und das hängend. Die beste Temperatur für Zwiebeln liegt zwischen einem und drei Grad Celsius, luftig gelagert. Tipp: Was hältst du davon, wenn du eine alte Nylonstrumpfhose dazu verwendest, um die Zwiebeln aufzuhängen? Einen Knopf nach jeder Zwiebel machen, so sind diese nicht zu eng aneinander und deine alte löchrige Strumpfhose erfüllt einen guten Zweck. Gut zu wissen: Der Kühlschrank ist kein idealer Ort, um Zwiebeln zu lagern.

Sie werden dort rasch faulig. Die Lagerung der Zwiebeln neben Äpfeln und Birnen solltest du ebenfalls vermeiden; also bitte nicht einfach alles willkürlich in die Gemüse-Obst-Schale legen. Ich spreche aus leidvoller Erfahrung.

FRISCHE EIER SIND KEINE RETTUNGSSCHWIMMER

Frage an dich: Wenn Eier in ein Wasserglas gegeben werden und dann aufschwimmen, sind diese dann frisch oder alt? Antwort: Eier, die aufschwimmen, sind älter. Frische Eier sinken zu Boden. Somit kann man sich ganz einfach merken: Frische Eier sind keine Rettungsschwimmer, da sie untergehen.

OH, WIR WOLLEN NICHT FRIEREN

Folgende Gemüsesorten wollen nicht im Kühlschrank frieren: Gurken, Bohnen, Kartoffeln, Melanzani (diese bekommen sogar Flecken, wenn es ihnen zu kalt ist), Paprika, Paradeiser, Zucchini, Zwiebeln, Bananen, Papayas, Ananas, Avocados, Mangos und alle Zitrusfrüchte.

SO BLEIBEN DIE VITAMINE ERHALTEN

Wir essen Obst und Gemüse auch wegen der wertvollen Vitamine. Bei falscher Lagerung verringern sich diese allerdings. Z. B. verliert bei Zimmertemperatur gelagerter Spinat schnell einen Großteil des Vitamin-C-Gehalts. Obst und Gemüse, das man nur kurz abwäscht, behält die Vitamine. Lässt du Obst und Gemüse jedoch lange Zeit im

Wasser schwimmen, dann schwimmen auch die Vitamine davon. Aber: Auch nur kurz gewaschenes Gemüse oder Obst verdirbt schneller als ungewaschenes. Also erst waschen, wenn du das Gemüse wirklich verarbeiten oder essen willst.

WASSER AUFMOTZEN

Bist du jemand, der unbedingt Wasser mit Geschmack braucht? Alles klar, überhaupt kein Problem! Dann versuch mal, ob dir dein Leitungswasser besser schmeckt, wenn du zwei Gurkenscheiben ins Wasser gibst und ein bisschen drinnen lässt. Das reichert das Wasser mit Geschmack an. Du kannst das auch mit Minze, Orangenscheiben, Zitronenstückchen und so weiter machen. Probiere einfach aus, was dir am besten schmeckt!

KRÄUTERFRAU ODER KRÄUTERMANN WERDEN

Nein, nein, du redest dich jetzt sicher nicht darauf aus, dass du keinen eigenen Garten hast! Hast du einen Balkon oder eine Fensterbank? Dann bau deine eigenen Kräuter an! Das sind dann wirklich deine Lieblinge und das Essen schmeckt mit frischen, EIGENEN Kräutern gewürzt einfach doppelt so gut.

DIE WELT IST DEIN GARTEN

Lerne die Wildkräuter kennen, gehe in die Natur und pflücke dir, was du brauchst. Brennnesseln, Löwenzahn,

Gänseblümchen, Bärlauch zur richtigen Zeit, Tannenwipfel, Hagebutten ... all das schenkt uns die Natur und wir müssen dafür nichts bezahlen.

Kraftplatz

STÄRKE DICH SELBST!

Nimm dir einen Satz, der dich stark macht, wie zum Beispiel: Ich schaffe das, ja! Ich bin richtig okay! Sag dir DEINEN Satz, egal ob zum Einschlafen oder beim Aufwachen, täglich ein paar Mal ganz bewusst vor. Dein Leben wird sich so in eine positive Richtung entwickeln.

DIES UND DAS

Zitronen dürfen nicht kaputt werden – verwerte diese! Wenn du merkst, dass du zu viele hast und du manche nicht gleich verarbeiten kannst, presse sie aus und friere den Saft in Eiswürfelformen ein! Und die Schale von Biozitronen kannst du als Zesten verwenden. Das bedeutet, du schabst die Schale ab und nützt sie dann zum Verfeinern eines Kuchenteiges oder Nudelgerichtes.

SCHAFFE AUSGEWOGENHEIT!

Fleisch ade, scheiden tut nicht weh! Früher haben das die Leute immerhin auch so gemacht, dass sie nur einmal in der Woche, und zwar meistens am Sonntag, Fleisch gegessen haben. Leute, die sehr schwer arbeiteten, wahrscheinlich auch öfter. Wie ist das bei dir? Wie oft isst du Fleisch?

Gutes Fleisch ist teuer. Gemüse ist auch gesund und mit Getreidesorten wie Quinoa und Co. kann man sehr gut leben. Nicht jeder Tag sollte ein Fleischtag sein!

DAS KANNST DU ALLES SELBST HERSTELLEN

Mandelmilch, Dinkelmilch, Hafermilch. Diese mittlerweile sehr modernen Milchsorten, die ein beliebter Ersatz für Kuhmilch sind, kannst du leicht selbst herstellen. Das ist einfach.

REZEPT FÜR DEINE EIGENE HAFERMILCH

Zutaten:

80 g Haferflocken (Kleinblatt), 1 l Wasser, 1 Prise Salz

Zubereitung:

Haferflocken in Wasser einweichen, kurz aufkochen und – dann Flocken quellen lassen. Masse mixen. Haferbrei filtern die Flüssigkeit ist dann deine Hafermilch. Drei Tage hält diese Milch im Kühlschrank in einer Glasflasche.

TEE

Auch Tee stellst du selbst her. Sicher. Z.B. aus Orangenschalen, Minze und Melisse vom Garten ... in all diesen Naturprodukten steckt wahres Geld drin, der Tee kostet dir nichts. Haben deine Kinder gerade einen Apfel verspeist? Die Schale mit den Vitaminen wollten sie nicht essen? Keine Sache – so hast du gleich ein wertvolles Produkt für einen Tee.

APFELSCHALENTEE – BERUHIGT DIE NERVEN

Zutaten:

100 g Apfelschalen und auch das Kerngehäuse (vier Tage auf einem Backblech trocknen, mit Abstand auflegen, nicht in die Sonne stellen – wirkt sich sonst auf die Farbe des Tees nachteilig aus), Zitrone, 500 ml Wasser

Zubereitung:

Apfelschalen + Kerngehäuse in das Wasser geben, zehn Minuten auf kleiner Flamme kochen lassen. Danach die Apfelschalen abseihen. Erst wenn der Tee trinkwarm ist, den Zitronensaft dazugeben, da so die Vitamine der Zitrone erhalten bleiben. Auf Wunsch Honig dazugeben oder ungesüßt trinken.

WEGWERFEN GEHT FAST NICHT MEHR

Das Wort, das den aktuellen Zeitgeist genau trifft, ist: VERWERTEN! Es gibt nahezu nichts, was nicht verwertet werden kann. Eine starke Empfehlung ist hier das Ideenportal „smarticular".

Kraftplatz

HEUTE SCHON GELÄCHELT?

Mal dir ein Smiley auf ein Blatt. Häng es gut sichtbar auf. Und immer, wenn du den Smiley siehst, dann wandern deine Mundwinkel nach oben. Lächeln stärkt dich! Lasst uns viel mehr lächeln! DENN: Lächeln wir - egal ob es uns gut geht oder nicht, dann „meint" unser Gehirn es gehe uns gut. Es gibt dann diese positive Info an den Körper weiter: „Mensch fühlt sich wohl, Körper entspanne dich".

WEIHNACHTSGESCHENKE

Chutneys, Marmeladen, eingelegtes Obst, das du vom Nachbarsgarten geerntet hast. Mit deiner Hilfe bei der Ernte hast du bereits geholfen. Bereite nun damit jemandem Freude und verschenke das Selbstgemachte zu Weihnachten.

SAMMLE WIE EIN EICHHÖRNCHEN!

Ich sammle das ganze Jahr Gläser und Flaschen, die ich dann fürs Einkochen verwende. Die Verpackung muss nicht so schön sein. Wenn der Inhalt stimmt und es himmlisch schmeckt, was braucht man dann mehr?

ANGABEN VON HERSTELLERN

Im Normalfall halte ich mich nicht daran. Ich halte mich beim Waschmittel nicht an die Mengenangaben und auch nicht bei Suppenwürfeln. Nein, ich mache meine eigenen Mengenangaben.
Ich probiere aus, wie viel ich brauche, und wenn z. B. die Wäsche gut gewaschen ist und die Suppe lecker schmeckt - BINGO! Teste einfach mal selbst, mit wie viel Waschmittel deine Wäsche sauber wird.

DUMPSTER DIVING

Dumpster Diving - auf Deutsch auch oft als Containern oder Mülltauchen bezeichnet - ist vor allem in Großstädten sehr beliebt. Dabei schauen Menschen, ob die Abfallräume

bzw. die Abfallcontainer von Supermärkten oder Fabriken frei zugänglich sind. Ist dies der Fall, „tauchen" beziehungsweise schauen sie in den Mistkübeln nach noch genießbaren Lebensmitteln.
Meist sind dies Leute, die sich fürchterlich ärgern, weil so viel weggeschmissen wird. In den Abfallcontainern finden sie immer wieder essbare und gut zu verwendende Produkte, deren MHD teilweise noch gar nicht überschritten ist.

VORAUSSCHAUEND EINKAUFEN – DER SPEISEPLAN

Mach dir die Arbeit! Nimm dir die Zeit, überleg am Anfang der Woche genau, was du brauchst, und kauf dann wirklich nur das ein, was du verarbeiten wirst, und nicht mehr. Mach einen Speiseplan und denk schon vorm Einkaufen darüber nach, was du in dieser Woche kochen willst. Du kannst natürlich auch schauen, was es gerade im Angebot gibt oder womit du Reste verwerten kannst.

ÜBRIG GEBLIEBENE LEBENSMITTEL

Werde kreativ! Ich denke, wenn man einmal kreativ geworden ist, möchte man das nicht mehr missen. Ja, es wird sogar ein richtiger Sport daraus. Schau im Netz, wie du übrig gebliebene Lebensmittel verarbeiten kannst.
Z. B. kannst du Polentaschnitten am nächsten Tag als Suppeneinlage verwenden. Apfelschalen und Kerngehäuse werden zu Tee, Gurkenschalen verbessern dein Wasser.

... UND WENN DU ZU VIEL GEKOCHT HAST, TEILE – DAS MACHT GLÜCKLICH.

Teile, was übrig bleibt! Teile mit deiner Nachbarschaft und mit Freundinnen sowie Freunden, wenn du zu viel hast. In meiner Nähe wohnt, ein Pensionist. Ich frage ihn immer, ob er mir bei der Verwertung meiner übrig gebliebenen Lebensmittel helfen kann. Er freut sich, ich bin glücklich, denn es wird so nichts verschwendet.

SPART ZWAR KEIN GELD, BRINGT ABER DER NATUR ETWAS

Versuche, plastikfrei einzukaufen! Das bedeutet, man nimmt seine eigene Verpackung mit und leert die gekauften Produkte z. B. in sein mitgebrachtes Glas. Für die Wurst nehme ich immer meinen eigenen Wurstbehälter mit, denn so wird Einpackpapier gespart. Damit sparst du dir selbst zwar kein Geld, aber du ersparst der Umwelt viel unnötiges Plastik.

DER WINTERTOPF VON SUSI

Meine Freundin Susi hat im Winter am Balkon einen alten großen Emailtopf mit Deckel stehen, dort lagert sie Gemüse. Du kannst auch eine Holzkiste mit Deckel dafür nehmen. Der Balkon oder ein kühler Gang ist für das Aufstellen der Kiste geeignet. Da kommt dann das Gemüse rein. So ist mehr Platz im Kühlschrank und dieser kann besser arbeiten und verbraucht weniger Strom.

DAS GEMÜSE GEHT GERN AUCH IM GEMÜSENETZ MIT DIR NACH HAUSE

Investiere in ein Gemüsenetz oder nähe dir eines aus alten Kleidungsstücken! Verzichte im Geschäft darauf, für das Gemüse, ein Sackerl zu nehmen.

Kraftplatz

EINE BEOBACHTUNGSTOUR

Kinder lieben es, Dinge zu beobachten und ganz genau anzusehen. Traust du dich, wie ein Kind zu sein? Nimm dir z. B. eine Blume und schau sie ganz genau an. Wie ist ihr Stängel? Ist er rund oder eckig? Welche Farbe haben die Blätter? Wie sieht die Blüte der Blume aus? Riecht die Blume sogar? Wie fühlt sie sich an? So kommst du ganz ins Hier und Jetzt.

WENN DU UNBEDINGT SAUGEN WILLST

Na hallo, wer saugt denn schon gern? Ach nein, nicht mit dem Staubsauger! Hier geht's um Trinkhalme. Wenn du nicht ganz darauf verzichten möchtest, versuche wiederverwendbare zu finden. So hast du länger Freude damit und sparst Geld.

EIERKARTONS

Ich liebe Eierkartons. Denn diese sind super im Frühling als kleine Anzuchtbeete für die Pflänzchen zu verwenden. Ich befülle die Mulde mit Erde, lege die Samen hinein und bedecke sie mit einer dünnen Schicht Erde.

WEINFLASCHEN – BIS ZUM LETZTEN TROPFEN

Eine ganz sparsame Idee: Weinflaschen, die schon fast leer sind, liegend aufbewahren. So sammelt man den Wein und bekommt nun auch den allerletzten Tropfen aus der Flasche.

EIN RICHTIGER MEISTER IM SPAREN.

Vom Vater eines Freundes habe ich vor Jahren gelernt, was Sparen heißt. Der alte Herr hat Müllsäcke nicht einmal, sondern so oft wie möglich wiederverwendet. Er leert den Müll in den Müllcontainer und gibt das Sackerl wieder zurück in den Mistkübel in der Küche.

Kraftplatz

LASS DEN STRESS RAUS!

Wie? Indem du kraftvoll und genussvoll gähnst. Und ich glaube, dass du vielleicht schon zu gähnen beginnst, sobald du das liest. Gähnen entspannt! Nütze also diese einfache Möglichkeit deines Körpers, Stress wegzugähnen.

Falls du es überhaupt wissen willst!

BLUMENWIESE ODER NEBELWALD?

Stell dir mal bitte Folgendes vor und entscheide dann, was dir besser gefällt:
„Die Blumenwiese“ – du sitzt in einer bunten Blumenwiese auf einem Berg. Das Wetter ist sonnig und klar. Du siehst unten im Tal Flüsse, Wiesen und Wälder. Auf jeden Fall hast du einen fantastischen Überblick über die Landschaft, und überblickst einfach alles.
Und jetzt ein anderes Landschaftsbild: „Der Nebelwald“ – du bist in einem Wald mit vielen Bäumen. Du gehst schnell, da die Situation unangenehm ist. Laufen ist jedoch zwecklos – warum? Das sag ich dir. Da ist nämlich weißer, dicker Nebel, der dich umgibt. Viele Bäume stehen eng

nebeneinander. Achtung, aufpassen! Wann wirst du wohl gegen den ersten Baum laufen? Du streckst die Hände nach vorn, um dich zu schützen. Die Situation ist beängstigend. Wo bist du? Du bekommst Angst, da du nicht weißt, was als Nächstes auf dich zukommen wird. „Nebelwald" … genauso ist es, wenn du deine Finanzen nicht überblickst. Und nun sag mal: Was hast du lieber? Situation „sonnige Blumenwiese" oder „nasskalter, unübersichtlicher Nebelwald"? Wenn du dich finanziell gerade im Nebelwald befindest, keine Sorge! Ich bringe dich bald auf die Blumenwiese. Dort hast du dann einen klaren Überblick.

SO, UND JETZT ZUM SCHNEE VON GESTERN

Nein, da geht es nicht um Kokain! Es könnte aber passieren, dass du „high" wirst, wenn dir bewusst wird, wofür du pro Monat wie viel Geld ausgibst. In diesem Kapitel befassen wir uns mit … deinen Ausgaben, und die gehören keinesfalls „zum Schnee von gestern". Klappst du nun gleich die Ohren an, verdrehst oder schließt du gar die Augen? Ach, ich verstehe, du willst nichts hören und nichts sehen, aha! Du, da gehen wir jetzt gemeinsam durch und geh bitte, lauf jetzt nicht gleich gedanklich davon. Bleib dabei! Eine Ausgabenaufstellung kann nämlich genauso spannend sein wie ein Krimi, und wenn wir dann am Ende angelangt sind, gehst du als Kommissarin oder Kommissar aus dem Film „Meine Finanzen" mit hocherhobenem Haupt als Siegerin oder Sieger hervor. Happy End: Fall ausgezeichnet gelöst. Es gibt sehr viele Möglichkeiten, deine Finanzen in den Griff zu bekommen. Ich plädiere für eine ganz einfache

Sache. Und zwar kaufst du dir entweder so ein orangenes (hässliches) Haushaltsbuch aus Papier oder du nützt eine App, z. B. Splitwise. Ganz wie du willst! Die Apps bieten dir eine gute Übersicht. Und jetzt zur Aufgabe. Ärmel hochkrempeln und auf geht's.
Deine Aufgabe ist, deine Ausgaben zu erforschen, und zwar bis auf den letzten Cent.

Wenn du eine Ausgabe getätigt hast, notierst du dir diese SOFORT; am besten noch in der gleichen Sekunde. Du notierst dir jeden Kaffee, alle Geschenke, die du machst, jeden noch so klitzekleinen Einkauf, ja sogar die Benützung einer öffentlichen Toilette, denn das sind immerhin 50 Cent.

Mit einer App hast du den Vorteil, die Ausgaben in Kategorien einordnen zu können: Kleidung, Wohnen, Lebensmittel, soziale Kontakte etc. So findest du ganz genau heraus, wohin dein Geld wirklich fließt. Schätzungsweise fünf Minuten wirst du am Tag für das Eintragen benötigen und meine Prognose: Irgendwann wirst du süchtig danach sein, immer ganz genau nachvollziehen zu können, wofür du dein Geld ausgibst. Wenn du mehr Klarheit über deine Ausgaben hast, hast du auch die Möglichkeit, diese besser zu steuern und manche Käufe einfach bleiben zu lassen.

IST DAS NÖTIG, ALSO WIRKLICH „LEBENSNOTWENDIG"?

So, wenn du von nun an all deine Ausgaben täglich notierst, dann kann es passieren, dass du dir bald vor einem Kauf die Frage stellst: „Brauch ich das JETZT wirklich?" Und dann setzt du noch eins drauf und fragst dich im Geiste: „Ist das Stück wirklich lebensnotwendig? Also zum Erhalt meines Lebens wirklich nötig?" Es kann sein, dass du beginnst, sehr bedacht einzukaufen. Und es wird langsam tatsächlich fast zu einem „Sport" für dich werden, den Kaufverlockungen zu widerstehen, und das vor allem mit Freude. Wenn du dem Kauf widerstanden hast, gibst du das Geld in eine Art Sparschwein, da lagert dann das gesparte Geld der nicht eingekauften Dinge. Bravo, bravissimo!

RESERVEN GEBEN DIR GELASSENHEIT

So, nun zur Frage des Tages: Hast du Reserven angelegt? Heißt so viel wie: Hast du Geld auf der hohen Kante, falls du etwas anschaffen musst, das du nicht geplant hast? Wenn du dein Sparschwein, wie zuvor beschrieben, fütterst, bleibt dir jeden Monat Geld übrig. Du legst also Geld zur Seite. Natürlich ist klar: Geld, das im Sparschwein oder am Konto liegt, ist „totes Geld". Es ist nämlich Geld, das nicht in die Wirtschaft fließt und so durch die Inflation weniger wird. Das verstehe ich gut, ich komme ja selbst aus der Wirtschaft. Doch es gibt dir Ruhe und Sicherheit, so viel Geld „liegen" zu haben, um z. B. ein neues Gerät kaufen zu können, das du brauchst. Zum Beispiel eine neue Waschmaschine, wenn die alte plötzlich den Geist aufgibt.

Mir geht's hier um ein kleines Polster von ca. 500 Euro, das dir Sicherheit gibt, denn so hast du die Möglichkeit, auf unerwartete Ausgaben gelassen zu reagieren.

VERTRAUEN IST GUT, KONTROLLE NOCH BESSER

Vertrauen ist gut, Kontrolle ist besser. Ich nenne es jedoch wieder „Übersicht haben". Mach es dir zur Gewohnheit, ab und an auf dein Konto zu schauen. Kontrolliere, ob alle Abbuchungen korrekt durchgeführt werden und vor allem auch ob unnötige Abos, die du eventuell gar nicht mehr brauchst, immer noch Geld „fressen".

GURKENGLÄSER? ECHT? DEIN ERNST JETZT?

Okay, ich gebe dir recht, was jetzt kommt, ist echt ein Hammer. Dennoch bringt es eine gute Übersicht. Hier ist eine Anregung für die ersten Monate der Zeit, in der du dir mehr Überblick über deine Finanzen verschaffen möchtest. Heb am Anfang des Monats dein ganzes zur Verfügung stehendes Geld ab. Wenn du Einziehungsaufträge von deinem Konto durchführen lässt, musst du dafür natürlich genug Geld auf deinem Konto lassen. Teile das Geld nun auf bestimmte Ausgabenbereiche auf, z. B. Essen, Kleidung, Freizeit, Kinder etc., und dann gib das Geld, ja, ich meine es wirklich ernst, in Gurkengläser. Beschrifte die Gläser nach Art der Ausgabe. Ich weiß, das klingt altmodisch und das ist es auch. Aber altmodisch bedeutet ja nicht gleich schlecht, denn du hast so auf jeden Fall eine klasse Übersicht darüber, wie viel Geld du zur Verfügung hast und wie viel am Ende des Monats übrig bleibt. Das Optische macht dabei viel aus und vielleicht brauchst du diese Hilfe mit den Gurkengläsern auch nur am Start.

Kraftplatz

WENN ES WIRKLICH HAARIG WIRD

Bauchweh – wenn es wirklich haarig wird. Wenn dein Körper in schwierigen Situationen mit Bauchweh reagiert, kann Folgendes helfen: Du bereitest einen warmen Thermophor vor. Danach nimm dir ein Handtuch, befeuchte es mit heißem Wasser und winde es gut aus. Nun nimmst du das Handtuch – ACHTUNG, nur so warm, dass du dich nicht verbrennst – und legst es auf deinen nackten Bauch. Der Thermophor kommt darauf. Nun hüllst du dich in ein trockenes Badetuch ein, damit dir nicht kalt wird. So liegst du zehn Minuten ruhig da. Du wirst fühlen, wie sich die Entspannung in deinem Körper ausbreitet. Alles wird gut. Mobiltelefon: außer Reichweite und leise gestellt. **Wichtig: Dieser Kraftplatztipp ersetzt keinen Arztbesuch.**

SCHLAF EINE NACHT DARÜBER!

Vor einigen Monaten hatte ich wieder diesen inneren Kampf. Ich kaufe generell im Ausverkauf ein und da habe ich doch einen wunderschönen grünen Mantel um den halben Preis gesehen. Flugs war er anprobiert und er hat mir wirklich gut gepasst. Halleluja, der halbe Preis für diesen schönen Mantel! Farbe klasse, denn Grün steht mir optimal. Ich habe dann eine Nacht darüber geschlafen,

dann noch eine Nacht und habe mir vorgenommen, wieder hinzufahren, so ein Schnäppchen ... und dann habe ich noch eine Nacht darüber geschlafen und bin zu der Erkenntnis gekommen: Brauch ich den Mantel wirklich? Nein! Also Thema abgehakt!
Nach dieser persönlichen Erzählung von mir versprichst du mir – nein, du versprichst es dir selbst – ab sofort keine emotionalen Spontan- sowie Ersatzkäufe oder Schnäppchenkäufe mehr zu machen. Ja, ich verstehe dich, denn genauso ist es mir ja in diesem Fall ergangen. Bei den Kraftplätzen findest du immer wieder die Möglichkeit, auch ohne viele Dinge sehr glücklich zu sein.

ES WIRBELT IN DEINEM KOPF?!

Die Tatsache, dass dein Konto vielleicht schon lange und ständig überzogen ist und du immer am Limit deines Kontorahmens lebst, verursacht Gedankenkreise in deinem Kopf. Verständlich, das macht einfach Sorgen. Also mach dich frei! Vereinbare einen Termin mit deiner Bankberaterin oder deinem Bankberater und setze den Überziehungsrahmen auf null. Besprich mit deiner Bank, wie du das überzogene Geld zurückzahlen kannst, und sie wird dir dabei helfen können. Das war erst der Anfang. Bist du bereit für die nächsten zwei Schritte?

MACH DIE BANK ZU DEINER BESTEN FREUNDIN!

Ein guter Draht zu deiner Bankberaterin oder zu deinem Bankberater ist viel wert. Ergreife die Initiative und vereinbare bei deiner Bank einen Beratungstermin. Bei einem persönlichen Gespräch besprichst du dann die Möglichkeiten, die deine Bank dir bieten kann, und dabei ergeben sich oft bessere Konditionen. Für diesen Termin investierst du ein paar Euro von dem für „Soziales" vorgesehenen Geld in etwas Süßes für die Bankberaterin oder den Bankberater deines Vertrauens. Das ist keine Bestechung, sondern einfach etwas Süßes für die Nerven. Solch eine Freundlichkeit hat sie oder er sicher noch nicht so oft erlebt. Du bleibst damit in guter Erinnerung.

Kraftplatz

ZÄHLE BIS DREI!

Kommt es manchmal vor, dass dich bestimmte Dinge überfordern? Boah, da stürzt etwas auf dich ein und du möchtest sofort reagieren. Nimm dir die Zeit. Reagiere nicht. Zähle zuerst bis drei. Atme dreimal tief ein und aus. Sag nichts – wer sagt, dass du sofort etwas sagen musst? Zähle zuerst bis drei ... vielleicht verändert sich dann etwas.

JETZT WIRD'S EIN BISSCHEN KNIFFLIG

Ich erklär dir das mal mit den Kosten. Wir unterscheiden zwei Arten von Ausgaben, und zwar zum einen die Fixkosten, zum anderen die variablen Kosten.
Unter Fixkosten versteht man jene Kosten, die man unmittelbar zum Leben braucht und die man daher nur unwesentlich reduzieren kann, wie z. B. die Miete für deine Wohnung oder Ausgaben für dein Auto. Natürlich

kannst du diese Kosten auch verringern, z. B. durch einen Umzug in eine günstigere Wohnung (Achtung: Auch ein Umzug kostet Geld!) oder durch die Anschaffung eines im Unterhalt günstigeren Wagens oder Carsharing. Zu den Fixkosten zählt man außerdem sämtliche Betriebskosten, Strom, Gas, die staatliche Rundfunkgebühr, die Auto-Leasingrate, Bahnkarten für die Fahrt zur Arbeit und auch die Auto- sowie die Haushaltsversicherung.

Eine kleine Anmerkung: Gestern habe ich gehört, dass jemand seine Haushaltsversicherung gekündigt hat, um Kosten zu sparen, und zwei Monate danach brannte die Wohnung ab. Also da sollte man wirklich nicht sparen. Gut, dann kommen noch Mobiltelefonkosten, Internetkosten, Raten für Kredite, Alimente, Kindergartengebühren usw. dazu. Wenn du dir nun klar darüber bist, was deine fixen Kosten sind, können wir weiter zu den variablen Kosten gehen.

Bei den variablen Kosten hast du die Möglichkeit, zu entscheiden, ob du dein Geld tatsächlich dafür ausgeben willst, denn du musst es nicht. Folgende Beispiele möchte ich hier anführen: die Mitgliedschaft im Fitnessstudio, Zeitschriften-Abos, Socken-Abos, Rasierklingen-Abos … nein, das sind keine Ausgaben, die du zum Überleben brauchst. Echt nicht!

Diese Ausgaben zählen zu den variablen Kosten und das heißt: Hier kannst du ab sofort sparen. Natürlich fallen auch Lebensmittel unter die variablen Kosten sowie Kinobesuche, Kleidung, Geschenke, ein Friseurtermin, Urlaube … raucht dir jetzt schon der Kopf? Halte durch! Nur Geduld, gemeinsam bringen wir all deine Kosten in eine klare Übersicht.

Ich habe eine Tabelle vorbereitet, in die du alle Fixkosten, die dir in einem Jahr entstehen, eintragen kannst. Unter www.simacoaching.at/buecher/ findest du diese Tabelle zum Herunterladen in digitaler Form. So sieht sie aus.

FIXKOSTENTABELLE monatliche Belastung:	€ 1 100,00	€ 1 100,00	€ 1 100,00	€ 1 100,00	im Jahr € 4 400,00
Ausgabe	**Jänner**	**Februar**	**März**	**April**	
Miete	€ 950,00	€ 950,00	€ 950,00	€ 950,00	€ 3 800,00
Strom	€ 150,00	€ 150,00	€ 150,00	€ 150,00	€ 600,00
Heizung (Gas)					€ -
Leasingrate Auto					€ -
Haushaltsversicherung					€ -
Autoversicherung					€ -
Klimaticket					€ -

Die Fixkosten bitte wirklich nach Monaten getrennt eintragen. Denn nur so erkennst du die starken und schwachen Monate deiner Ausgaben.

DIE GUTE NACHRICHT ZUM SCHLUSS

Natürlich gibt es auch Einnahmen – yippie yay! In die Übersicht deiner Kosten trägst du neben den Ausgaben auch deine Einnahmen ein. Also dein Gehalt, Alimente, die du bekommst, Kindergeld – falls du Kinder hast – oder auch

die Zuwendungen von der Mitzi-Tant'. Keine Mitzi-Tant' in deinem Leben? Okay, dann leider nicht. Aber träumen darf man ja noch!
Bleib dran, wir sind schon fast am Ziel. Auch wenn du vielleicht erkennen musst, dass du mehr Ausgaben als Einnahmen hast, bedeutet das trotzdem Klarheit. Steck deinen Kopf jetzt keinesfalls in den Sand! Natürlich ist es nicht optimal, mehr Ausgaben als Einnahmen zu haben, nun hast du jedoch die Möglichkeit, Schritte zu setzen. Der Nebel wird gelichtet. Du kannst handeln. Z. B. wendest du die Tipps aus diesem Buch an und nach einiger Zeit wirst du die erstellte Übersicht updaten. So siehst du nämlich auch, wie viel du bereits einsparen konntest.
Wenn du die Überweisungen von deinem Konto durchführst oder auch Zahlungen von deiner Kreditkarte, hast du auch die Möglichkeit, die Ausgaben der letzten zwei Jahre anzusehen, zu überprüfen und falls es Fixkosten sind – in die Tabelle einzutragen. Auf diese Weise hast du alles im Blick und ermittelst die Kosten exakt. Jetzt wird dir nichts mehr entgehen.

FIXKOSTENREDUKTION

Wohnen, Strom, Auto – ja, natürlich kann man auch bei den Fixkosten an der Sparschraube drehen. Ist beispielsweise dein Stromverbrauch gerade jetzt, wenn die Strompreise steigen, sehr hoch?
Ein Grad Celsius weniger im Winter pro Raum und man kann sich jährlich einiges an Geld ersparen. Jacke und Socken anziehen und schon geht's. Außerdem kannst du

zu einer Lichtdetektivin oder einem Lichtdetektiv werden, denn die Lichter immer und überall brennen zu lassen, kostet Geld – also Licht aus! Umziehen in eine kleinere, günstigere Wohnung? Natürlich ist das möglich, aber Achtung: Ein Umzug kostet Geld und Nerven. Du musst unter anderem sowohl die Maklerinnen- bzw. Maklergebühren sowie selbstverständlich auch die Umzugskosten bezahlen. Wenn du eine große Wohnung hast, denk darüber nach, ein Zimmer unterzuvermieten, jahres-, monats- oder auch nur tageweise.

Schwarmwissen gefragt: Setz dich außerdem mit Freundinnen und Freunden zusammen und frag sie nach ihren Erfahrungen. Sag ihnen, dass du sparen möchtest. Gibt es Tipps von ihrer Seite? Haben sie schon selbst Kosten reduziert? Trefft euch bei Kaffee und Kuchen und plaudert über dieses Thema.

VARIABLE KOSTEN

Bravo! Ich klopf dir auf die Schulter oder noch besser:

Klopf dir selbst ganz stark auf die Schulter! Du hast dich durch deine Fixkosten durchgeackert, alle Achtung – meinen Respekt! Nun weißt du ganz genau, wie viel Geld dir pro Monat realistisch übrig bleibt. Dieses Geld verteilst du jetzt auf die variablen Kosten: Freizeit, Lebensmittel, Urlaub, Soziales, Bildung … das sind einige der variablen Kosten. Wenn du, wie in diesem Buch beschrieben, deine Kosten ganz genau in eine App oder in ein altmodisches

Haushaltsbuch einträgst, wirst du nach einiger Zeit sehen, wo das Geld hinfließt.
Ich kann dir zu 100 Prozent versprechen, dass du in der Frage „Was brauch ich und was nicht“ perfekt geschult sein wirst, nachdem du mindestens zwei Monate lang diese Aufzeichnungen gemacht hast.

Kraftplatz

WISSEN UND BILDUNG SIND MACHT

Wie alt bist du jetzt wohl … aha, du meinst, da geht nichts mehr? Nein, das stimmt nicht.
Man kann sich bis zum Tod weiterbilden. Was interessiert dich? Worüber möchtest du mehr wissen? Worin möchtest du Spezialwissen haben? Überleg dir das. Lies Bücher zu dieser Thematik, besuch einen Kurs an der Volkshochschule oder geh an die Uni. Was hält dich davon ab? Erweitere deinen Horizont. Wer weiß, wo dir das neue Wissen im Leben noch hilfreich sein wird?

Sparen bei Haushaltsgeräten und mehr

DAS KORREKTE EINRÄUMEN DEINES KÜHLSCHRANKS

Kann man beim Kühlen und Gefrieren überhaupt Geld sparen? Definitiv!
Ich dachte, ich wäre die Einzige ... bis ich meiner Freundin Ingrid davon erzählte, dass ich eine Anleitung zum optimalen Befüllen des Kühlschranks in dieses Buch packen will. Ich war mir nämlich nicht sicher, ob solche Tipps überhaupt interessant sind. Meiner Meinung nach war ich die Einzige, der das schwerfällt. Dann meinte Ingrid jedoch begeistert: „So etwas brauch ich bitte unbedingt! Ich weiß das nämlich wirklich nicht." Also, falls Ingrid und ich zufällig die Einzigen sein sollten, für die das richtige Befüllen ihres Kühlschranks bis jetzt ein Mysterium war, überspring das Kapitel bitte, ansonsten einfach weiterlesen.

DER TRICK MIT DEM THERMOMETER

Die optimale Temperatur deines Kühlschranks beträgt fünf bis sieben Grad Celsius. Wenn du nicht ablesen kannst, wie kalt es in deinem Eiskasten ist, kannst du Folgendes tun: Du stellst ein Glas Wasser hinein und am nächsten Tag nimmst du es heraus, um mit einem ganz normalen Thermometer die Temperatur zu messen.

NOCH MEHR TIPPS RUND UM DEN KÜHLSCHRANK

Vor einiger Zeit habe ich in Glasbehälter mit gut schließenden Deckeln für den Kühlschrank investiert. Solche Behälter haben gleich mehrere Vorteile: Sie sind im Geschirrspüler leicht zu waschen, sie verbiegen sich nicht so wie Plastik und deine Lebensmittel lagern in ihnen so, dass du den Inhalt sofort sehen kannst. Dass Glas auch sehr sauber aussieht, versteht sich von selbst

Ein Tipp: Geöffnete Produkte fülle ich generell in Glasbehälter ab. Glasverpackungen entsorge ich nicht im Glascontainer, sondern entferne das Etikett und habe somit schöne Gläser zum Einlagern, wie z. B. für Suppen.
Nächster Tipp: Achtung, Milch „parfümiert" sich gern! Das bedeutet, sie nimmt den Geruch von anderen Lebensmitteln an. Deshalb Milch bitte gut verschlossen in Glasflaschen lagern.
Und noch ein Tipp: Sei geduldig und lass Essen immer außerhalb des Kühlschranks auskühlen. Auf diese Weise verbraucht dieser Stromfresser weniger Energie, da er

nichts Heißes herunterkühlen muss.
Letzter Tipp: Abstand halten. Achte darauf, dass dein Kühlschrank innen nicht mit Produkten vollgestopft ist. So hast du a) einen guten Überblick und siehst gleich, was du eingelagert hast, und b) zirkuliert die Luft dadurch innen optimal, wodurch die Kühlung stromsparend stattfindet. Wurst kommt natürlich auch raus aus der Verpackung und rein in die Glasbehälter. Dann wirst du nie mehr aufgerollte Wurstränder haben.

Hier die optimale Befüllung deines Kühlschrankes:

Türfach
Butter, Getränke, Eier und Dressings

Oberstes Fach
Käse, zubereitete Produkte und geräucherte Lebensmittel

Mittleres Fach
Milch, Joghurt und ähnliche Produkte

Unteres Fach (kältester Platz)
Leichtverderbliche Lebensmittel, Fisch, Fleisch und Wurst

Unterste Lade
Obst und Gemüse, da es wegen der Glasplatte zwei bis drei Grad wärmer als oben drüber ist.

WIE OFT PUTZT DU?

Nein, ich meine damit nicht die ganze Wohnung, sondern nur deinen Kühlschrank. Na, ganz ehrlich jetzt, unter uns gedacht – ich kann's ja eh nicht hören. Und nun stell dir die Frage: Wie oft sollte man seinen Kühlschrank putzen? Einmal im Monat, alle drei Monate, einmal im halben Jahr? Was meinst du? Die Auflösung findest du in der Fußzeile.[5]
Hier noch eine kleine Anleitung zum einfachen und kostenschonenden Putzen deines Kühlschranks: Alles ausräumen, Kühlschrank mit handwarmem Wasser und Essig putzen, vor dem Wieder-Einräumen den wichtigen „Grund-Check" nicht vergessen.
Mit Grund-Check meine ich, dass du das Ablaufdatum aller Produkte kontrollierst (nützliche Tipps hierzu findest du auch im Kapitel „LEBENSMITTEL UND ALLES, WAS DAZUGEHÖRT"), und dir dabei gleichzeitig einen Überblick darüber verschaffst, was du alles im Kühlschrank hast. Auf diese Weise ist er immer sauber und du behältst die Übersicht. Und am nächsten Tag verkochst du, was an

5 Es wäre gut, den Kühlschrank einmal im Monat zu putzen.

Restln im Kühlschrank ist. So wird das Wort „entsorgen" im Zusammenhang mit dem Eisschrank in deinem Wortschatz hoffentlich bald nicht mehr vorkommen.

DEIN KÜHLSCHRANK BRAUCHT AUCH URLAUB. SCHENK IHM EINE AUSZEIT!

Falls du einen Kühlschrank besitzt, hast du die Möglichkeit, ihn auf Urlaub zu schicken, wenn du ebenfalls auf Reisen bist. Bevor es für dich losgeht, versuchst du alles, was du im Kühlschrank hast, so gut wie möglich zu verbrauchen. Wenn noch etwas übrig bleibt, nimmst du es entweder auf die Fahrt in den Urlaub mit und hast somit ein Lunchpaket oder du verschenkst es an deine Nachbarinnen und Nachbarn oder an jemanden, der's gut brauchen kann. Also: Kühlschrank abdrehen, ausräumen, putzen und Strom sowie Geld sparen. Jetzt kommen ein paar interessante Themen die dein Geld ins „Trockene" bringen.

SINGLE ODER FAMILIE – WELCHE GRÖSSE IST IDEAL?

Für einen Singlehaushalt ist ein Kühlschrank mit 100 bis 120 Litern Fassungsvermögen empfehlenswert, für einen Haushalt ab zwei Personen wählt man am besten ein Gerät mit 120 bis 150 Litern.

GEFRIERSCHRANK ODER GEFRIERTRUHE?

Hier eine Gegenüberstellung der Vor- und Nachteile:

VORTEILE VON GEFRIERSCHRÄNKEN

Gefrierschränke sind platzsparend und daher auch in Wohnungen sehr beliebt. Man findet sie nämlich in vielen kompakten Größen. Mein Gefrierschrank hat die Traummaße 160 x 60 x 58 Zentimeter und ist somit genauso groß wie ich.

VOR- UND NACHTEILE VON GEFRIERTRUHEN

+ Geringe Anschaffungskosten und geringer Stromverbrauch.

- In Gefriertruhen wird alles übereinander gelegt, dann weiß man gar nicht mehr, welche Schätze in der Truhe verborgen sind.

+ Die Stärke der Wände bietet jedoch eine gute Isolation und dank der Deckelöffnung kommt es auch zu weniger Energieverlust – sofern du nichts von ganz unten herauskramen musst.

Laut den Herstellern sind Gefriertruhen zu bevorzugen. ABER in einer Wohnung fällt meine Wahl auf jeden Fall auf einen Gefrierschrank. Und nun ein paar Tipps, wie du diesen hungrigen Stromfresser auf Diät schicken und dadurch Strom sowie Geld sparen kannst:

ICE ICE BABY

Ist die Gefriertruhe nicht ganz voll, stell bitte einen Metallkorb hinein! Dadurch verringerst du nämlich das Luftvolumen und vor allem kommst du so schneller zu den benötigten Lebensmitteln, wodurch der Deckel kürzer offen steht und weniger Wärme in die Truhe strömt.

DIE BEIDEN MÖGEN'S NICHT HEISS

Der optimale Platz, ob für Kühltruhe oder Kühlschrank, ist an einem kühlen Ort. Ein Abstellraum, falls vorhanden, ist perfekt. Ein No-Go ist es, diese Geräte in der Nähe von Heizkörpern aufzustellen. Direkte Sonneneinstrahlung ist auch zu vermeiden und ein Ofen neben dem Gefrierschrank entzieht diesem noch einmal mehr Energie. Also Augen auf bei der Platzwahl!

„ICH BRAUCH MEINE FREIHEIT!"

... säuselt dir dein Gefrierschrank sanft zu, und zwar braucht er eine gewisse „Unabhängigkeit" von der Wand. Stell ihn also bitte mindestens fünf Zentimeter von der Wand entfernt auf, um die optimale Zirkulation der Abluft möglich zu machen – und natürlich auch, um ihm seine Freiheit zu gönnen.

NARRENKASTL SCHAUEN – NEIN, JETZT BITTE NICHT!

Achtung! Bitte nicht ins Narrenkastl schauen, wenn du etwas aus dem Gefrierschrank nimmst. Vorher überlegen, was du möchtest, kurz öffnen, das gewünschte Produkt herausnehmen und sofort wieder schließen. Wenn du den Gefrierschrank öffnest und erst dann überlegst, was du eigentlich brauchst – oje, oje, oje –, da geht unnötig viel Energie und somit auch dein Geld verloren.

Kraftplatz

„NARRENKASTL SCHAUEN"

Du auch? Hast du das in der Kindheit auch manchmal gemacht oder entspannst du dich auch jetzt noch so? Einfach vor dich her starren, nichts wahrnehmen und so das Gehirn kurz ausschalten? Im Volksmund wird das „Ins Narrenkastl schauen" genannt. Tagträumen kann man dazu auch sagen. Das Gehirn entspannt sich in diesem Zustand. Wie wär's, wieder einmal ins Narrenkastl zu schaun und deinem Gehirn so eine kurze Auszeit zu geben? Natürlich nur, wenn du nicht im Auto sitzt oder sonst etwas machst, was deine ganze Konzentration erfordert. Also gleich mal einen ruhigen Platz suchen und dein Gehirn entspannen lassen und auf „Kurzurlaub" schicken.

ORDNUNG IST ...
DER HALBE ENERGIEVERBRAUCH

Ja klar, natürlich! Ich kenne das Sprichwort auch. Richtig heißt es: Ordnung ist das halbe Leben. Im besten Fall weißt du, wo in deinem Kühlschrank oder Gefrierschrank was gelagert ist. Und im allerbesten Fall hast du die Nahrungsmittel so sortiert, dass du genau weißt: Das ist der Bereich für Fleisch, da ist nur Gemüse ... alles am richtigen Platz. Denn so ist auch klar, wo du gezielt das findest, was du brauchst, und zwar ohne bei offener Tür lange danach suchen zu müssen.

TANTE ANNA UND DAS EINFRIEREN

Unsere Tante Anna lebt allein und sie friert schon seit Langem alles ein. Darüber habe ich früher im Stillen oft geschmunzelt, bis meine Kinder alle ausgezogen waren. Jetzt schütze auch ich mein Brot vor dem Hartwerden, indem ich es scheibenweise einfriere - nicht monatelang, nur kurz. Im Stillen entschuldige ich mich immer wieder bei der lieben Tante Anna dafür, dass ich sie belächelt habe. Einfrieren ist ja doch eine gute Idee der schlauen alten Dame. Es spart Geld, weil Essen länger hält und vor allem Brot so nicht hart wird.

NOCH GRÜN HINTER DEN OHREN?

Nein, keineswegs! Wenn wir schon beim Einfrieren sind, hier eine super Idee: Kräuter bieten sich dafür an, in Eiswürfelformen eingefroren zu werden, um sie so portionsweise aufzubewahren. Ein Stück in Eiswürfelgröße ist die optimale Menge, die man für die meisten Gerichte benötigt. Somit brauchst du keine Tiefkühlsäckchen oder Gläser und zauberst auch im Winter Grün auf deinen Teller.

GESCHIRRSPÜLER

Checke die Energieeffizienzklasse deines Geschirrspülers. Die beste Klasse spart dir fast 210 Euro in zehn Jahren.

Moderne Geschirrspüler verfügen über Energiespar- oder Umweltprogramme, also nutze diese bitte auch. Achte beim Kauf eines neuen Spülers unbedingt auf dessen Wasserverbrauch. Wenn du in einem Haus mit einer thermischen Solaranlage lebst, kannst du deinen Geschirrspüler an die Warmwasserleitung anschließen lassen. So reduzierst du den Stromverbrauch fürs Aufheizen drastisch.

WASCHMASCHINE

Mit der besten Energieklasse kannst du in zehn Jahren 140 Euro sparen.[6] Bitte versuche deine Waschmaschine immer voll zu befüllen. Ganz wichtig ist die richtige Waschtemperatur, denn die ist echt ein Trumpf! 85 Prozent des Stromverbrauchs einer herkömmlichen Waschmaschine entfallen auf das Aufheizen. Deshalb habe ich die Waschtemperatur gesenkt. Ich wasche vieles nur mit 30 bzw. höchstens 40 Grad Celsius, aber natürlich keine verschwitzten Sportsachen oder Unterwäsche. Drei EL Essig im Weichspülerfach ersparen dir den Weichspüler.

TROCKNER

Abhängig von der Effizienzklasse kannst du dir beim Trockner in zehn Jahren bis zu 900 Euro an Stromkosten sparen. Wichtig: Nur voll beladen heißt auch effizient. Die Wäsche dabei stets lose aufgeschüttelt in den Trockner geben und nicht zu lange trocknen. Vergiss außerdem nicht darauf, das Flusensieb nach jedem Trockenvorgang zu reinigen. Vielleicht könntest du den Trockner sogar durch

---

6 www.energiesparverband.at

einen Wäscheständer ersetzen.
Anmerkung am Rande: Vor vierzehn Jahren habe ich trotz fünfköpfiger Familie meinen Wäschetrockner verkauft. Ich bügle seit vielen Jahren die Wäsche auch nicht mehr.

Mein Trick: Ich hänge alles sehr sorgfältig auf. Das heißt, ich schüttle die Wäsche kräftig aus, damit beim Trocknen keine Falten entstehen. Blusen oder feine Pullover hänge ich mit Kleiderhaken zum Trocknen auf den Wäscheständer. Das funktioniert. Früher habe ich stundenlang gebügelt – ich mag das einfach nicht mehr machen. Außerdem spare ich so Strom und meine Zeit.

Kraftplatz

VERMEIDE ES, ÜBER ANDERE SCHLECHT ZU SPRECHEN!

Genauso wie es wichtig ist, über dich selbst gut zu sprechen, ist es auch ratsam, über andere nur Gutes zu sagen. Vermeide Urteile!

TV-GERÄTE – SO IST SPAREN MÖGLICH

Bitte das Gerät immer komplett ausschalten – kein Stand-by-Modus! Denn Stand-by zieht auch Strom aus der Steckdose, wenn das Gerät nicht in Betrieb ist. Beim Kauf eines Fernsehers bitte darauf achten, ob er einen echten Ausschalter hat. Alternativ dazu hilft eine Steckdosenleiste mit Ein-Aus-Schalter, um das Gerät vom Strom zu trennen.

BACKÖFEN

Was gibt's da zu sagen? Also: Vorheizen kannst du dir sparen. Ausgenommen sind hier Produkte mit Germ. Und bitte senke die Backtemperatur. Bei Heißluft genügen 120 Grad Celsius. Probier's mal aus, es funktioniert. Vertrau auch auf die Restwärme und dreh beispielsweise bei einer Backzeit von über 40 Minuten den Backofen zehn Minuten früher ab. Tiefkühlprodukte taue ich erst langsam im Kühlschrank auf, erst dann gebe ich sie ins Backrohr.

KLIMAGERÄTE

Klimageräte sind in den letzten Jahren zum Trend geworden. Mit solch einem Gerät kühlst du neben der Wohnung aber auch dein Geldbörsl ganz schön ab. Da fließen der Strom und das Geld nur so dahin. Klimageräte kosten einfach sehr viel Geld.

Ein paar überlegenswerte Tipps:

- Im Sommer die Fenster tagsüber nur kurz öffnen.
- Früh aufstehen und gleich am Morgen die kühle Luft durch die Wohnräume ziehen lassen – und auch in der Nacht, falls es abkühlt.
- Jalousien herunterlassen. Es gibt spezielle Fabrikate, die verhindern, dass die Wärme in die Wohnung dringt. Falls du Fensterläden hast, schließe diese am Tag.

Tipps rund um die Ernährung

AUS NACHBARS GARTEN ... ABER NICHT NUR DIE KIRSCHEN

Ich liebe Spaziergänge in der Stadt. Dabei nehme ich viel wahr. Wie z. B. die Kürbisse, die sich genüsslich über den Gartenzaun eines Hauses nach draußen schlängeln. So lachten mich letzten Herbst während eines Spaziergangs zwei wunderbare Kürbisse an. Ja, man darf alles mitnehmen, was außerhalb des Gartens ist. Natürlich kannst du auch die Kürbisbesitzerin oder den Kürbisbesitzer fragen, ob du zugreifen darfst. Außerdem stehen auf öffentlichen Gründen oft Kirschbäume, beispielsweise entlang von Straßen. Oder auch Nussbäume. Da kannst du dir so viele Nüsse oder Kirschen mitnehmen, wie du willst. Sie gehören der Öffentlichkeit, also auch dir. Gartenbesitzerinnen und Gartenbesitzer verdrehen oft die

Augen – nämlich dann, wenn ihr Obst und Gemüse nicht aufhören will zu produzieren. Deshalb freuen sie sich über fleißige Erntehelferinnen und Erntehelfer in ihren Gärten. Schau dich in deiner Umgebung doch einmal um und frag einfach nach. Fragen kostet schließlich nichts und das Obst, das du ernten hilfst, ist dann auch gratis für dich. Da lacht dein Geldbörsl!

KAFFEETABS UND KAPSELN

Ich stelle den Begriff jetzt einfach mal in den Raum: Kaffeefilter! Es ist nämlich definitiv mehr als eine Überlegung wert, auf den altmodischen Kaffeefilter umzusteigen. Hast du's dir schon mal ausgerechnet? Tatsächlich sind Tabs und Kapseln sehr viel teurer als der klassische Kaffeefilter. So hast du die Möglichkeit, wirklich viel zu sparen.

DA IST DIE KRAFT ZU HAUSE

Sprossen und Keime selbst gezogen geben Kraft und Energie. Und auch selbst zu kochen gibt Kraft und Energie. Essen gehen und Lieferservice: Dazu habe ich eine ganz spezielle Meinung, denn am liebsten koche ich selbst. Warum?

Erstens weiß ich dann ganz genau, welche Zutaten verwendet wurden, zweitens weiß ich, welche Laune ich als Köchin hatte, und drittens spare ich so Geld. Eine sehr gute Köchin hat mir mal gesagt: „Kochen ist wie Alchemie." Was hat sie damit gemeint? Wenn du selbst kochst, verwandelst

du Zutaten in Essen und was noch? Genau! Du würzt die Speisen mit deiner Laune, denn wie die Köchin oder der Koch gelaunt ist, so schmeckt auch das Essen.
Sprossen züchten – so geht's:
Bei Kresse ist es ganz einfach. Ein Stück Leinentuch in eine Auflaufform oder in einen Teller legen, gut befeuchten, Kressesamen drauflegen. Immer wieder mit einer Sprühflasche befeuchten.

ESSEN GEHEN IN BEGLEITUNG

Wenn du in ein Restaurant zum Essen gehst, dann gibt's in deiner Handtasche eine treue Begleiterin, und zwar die Aufbewahrungsbox. Denn alles, was du nicht mehr zu essen schaffst, nimmst du mit nach Hause. Da ist Zurückhaltung nicht angebracht. Das Essen, das du stehen lässt, landet sonst nämlich einfach im Müll. Also dann doch lieber in deiner Box und später in deinem Magen.

JOGHURTBECHER? GIVE ME MORE!

Magst du Joghurt? Ich auf jeden Fall! Wenn ich den Joghurt gegessen habe, schütte ich Wasser in den Becher und schon habe ich einen leckeren Milchshake. Gerade im Sommer ist das einfach wunderbar.

EINE FLASCHE IST IMMER DABEI

Eine Trinkflasche ist immer in meiner Tasche. Immer! Denn so vermeide ich den unnötigen Kauf von Wasser, wenn ich unterwegs bin. Das sind für mich nämlich Ausgaben, die mir echt wehtun, weil sie ganz leicht vermeidbar sind. Und außerdem schont eine wiederverwendbare Trinkflasche auch unsere Umwelt.

Tipps für den Haushalt

STAND-BY – BYE, BYE!

Geräte im Stand-by-Modus zu halten ist nie und nimmer stromsparend. Darum meine Empfehlung: Dreh die Geräte immer ganz ab! Im Stand-by fressen sie auch Strom, wenn sie ausgeschaltet sind.

STROMFRESSERN GEHT ES AN DEN KRAGEN

Du kannst dir ein Strommessgerät ausleihen und dann schaust du mal, welche Geräte in deinem Haushalt den Strom wegfressen bzw. die Kosten in die Höhe treiben.

DAS ZAHLT SICH AUS

Es zahlt sich extrem aus, einmal im Jahr die Kosten von Strom, Gas und Öl zu vergleichen und eventuell den Anbieter zu wechseln.

STEIG UM!

Sparlampen brauchen nur ein Fünftel der Energie einer Glühlampe. Die Beleuchtung macht acht Prozent der Stromkosten eines Haushalts aus. Steig also auf Sparlampen um!

ABER DA NICHT!

Energiesparlampen für den Keller sind nicht sinnvoll, da diese in der Anschaffung teuer sind, im Keller jedoch fast nie benützt werden.

Kraftplatz

WERDE POSITIV

Hast du dir schon einmal angeschaut, was in deinem Leben gut gelaufen ist und was dich glücklich macht? Na klar, wieder der Stift und das Papier.
Setz dich nieder, nimm dir genügend Zeit und schreib auf: Was ist gut in meinem Leben? Was bringt mir Glück? Was macht mich glücklich? Du kannst mir glauben, da wird's ganz schön viel geben. So richtest du deine Aufmerksamkeit auf positive Dinge.

IMMER WIEDER UND IMMER WIEDER ...

... denke ich mir: „Das bringt nichts außer Kosten!" Und zwar dann, wenn ich bei Wohnungen vorbeigehe und die Fenster dort auch im Winter gekippt sind. Stoßlüften heißt das Zauberwort. Mach die Fenster und Türen auf, lüfte kurzfristig und heiz nicht dein Geld zum Fenster raus.

DINGE AUSLEIHEN

Sachen, die man nicht regelmäßig braucht, kann man sich ausborgen, so spart man Anschaffungskosten und Ressourcen. Bäuerinnen und Bauern machen das z. B. oft mit ihren Traktoren. Warum also nicht auch für den Haushalt etwas ausborgen, was man nicht sehr oft braucht, z. B. einen Akkuschrauber? Frag mal in der Nachbarschaft, ob hier Interesse am Teilen besteht.

DÜNGER SELBST GEMACHT

Falls du in einem eigenen Haus mit Garten wohnst, hast du die Möglichkeit, dass du deine Biotonne abmeldest, einen Komposthaufen anlegst, somit deinen eigenen Dünger herstellst und Geld für die Biotonne sparst.

DÜNGEN MIT ABFÄLLEN

Dazu braucht man nicht einmal einen Komposthaufen: Rosen lieben z. B. Kaffeesud. Eierschalen kann man auch gleich direkt zum Düngen verwenden (für Bohnen, Erbsen, Zwiebel, Schnittlauch).

WAS ALLES AUS KARTOFFELN ZU MACHEN IST

Erstens sind Kartoffeln gesund und günstig und zweitens kann man aus deren Schale ganz viel machen. Z. B. eignen sie sich getrocknet als Anzünder im Kaminofen. Du kannst die Schale zum Putzen nehmen und die Bratpfanne damit reinigen. Das Kartoffelschalenwasser entfernt im Garten Unkraut, wenn du es darauf gießt, und gießt du es in den Abfluss, werden die Rohre gereinigt – Kartoffeln sind wirklich kleine Alleskönner.

KÜCHENROLLE ADE

Ich verwende keine Küchenrolle mehr, obwohl ich manchmal mit meinem Mann darüber diskutiere, denn er BRAUCHT sie regelrecht. Aus meiner Sicht belastet die Küchenrolle die Umwelt, kostet Geld und man kann alles auch mit Küchentüchern putzen.

SERVIETTEN AUS STOFF – WIRKUNGSVOLLER

Ich habe mir abgewöhnt, Servietten aus Papier zu kaufen. Papier belastet die Umwelt und wenn Gäste kommen, sehen die Stoffservietten außerdem viel schöner aus.

WEICH, WEICHER, AM WEICHSTEN

Der Weichspüler. Irgendwann ist man daran so gewöhnt, dass man ihn nicht mehr missen möchte. Was macht ein Weichspüler? Er „schaut“, dass sich nicht so viel Kalk in der Wäsche ablagert, und genau das erzeugt dieses flauschigweiche Gefühl ... Und auch diesen Geruch. Man könnte auch ein bisschen Essig in die Wäsche geben, was den gleichen Effekt hat, oder man entwöhnt die Familie sowie sich selbst und gibt von Wäsche zu Wäsche ein bisschen weniger Weichspüler dazu ... da kann man jährlich ganz schön viel Geld sparen und der Umwelt tut es auch gut.

BIN ICH EIN SCHWEINCHEN?

Da sage ich entschieden NEIN! Anstatt meine Kleidung nach jedem Tragen direkt zu waschen, lüfte ich sie im Freien aus. So halten die Stücke, die ich liebe, auch länger. Also erst einmal lüften, statt gleich zu waschen. Hier geht es mir vor allem um meine Kleider. Unterwäsche ist natürlich auf jeden Fall von diesem Tipp ausgenommen.

WASCHEN MIT KASTANIEN

Man kann aus Kastanien tatsächlich Waschmittel herstellen. Selbst gemachtes Kastanienwaschmittel spart sehr viel Geld und schont die Umwelt.

Im Herbst findet man sie im Wald oder am Rand von Wegen: die Rosskastanien. Diese kleinen, runden Kastanien eignen sich nicht nur zum Spielen mit Kindern (Tiere basteln), sondern sind auch im Haushalt eine Möglichkeit, um Geld zu sparen.
Stell mit Kastanien einfach und kostenschonend dein eigenes Waschmittel her.

Zutaten:
9 Rosskastanien, 300 ml Wasser, 1 Einsiedeglas oder ein anderes Glas mit Deckel

Zubereitung:
Kastanien in kleine Stücke schneiden. Wenn weiße Wäsche gewaschen werden soll, die Schalen entfernen. Bei schwarzer Wäsche kann die Schale oben bleiben. Kastanienstücke in ein Glas geben und das Wasser dazu füllen. Nun sieben Stunden das Wasser mit den Kastanien ziehen lassen. So kommen die Saponine* aus den Kastanien. Es entsteht eine Lauge. Diese bitte dann abseihen. Die gewonnene Flüssigkeit, genauso wie du das mit deinem Waschmittel tust, in die Waschmaschinenlade geben.

Die Kastanien können bis zu dreimal verwendet werden. Es erhöht sich mit jeder Verwendung die Zeit für das Ziehenlassen der Kastanien im Wasser.

* Was sind Saponine?
Saponine sind Pflanzeninhaltsstoffe, die wie Seifen mit Wasser gelöst einen haltbaren Schaum ergeben. Fast ausschließlich werden Saponine in Pflanzen gebildet. Sie schützen Pflanzen gegen Pilzbefall.[7]

---

7 https://www.pflanzenforschung.de/de/pflanzenwissen/lexikon-a-z/saponine-724

MACH ES SELBST, WENN DU DIE ZEIT DAFÜR HAST!

Du kannst nicht nur Waschmittel, sondern auch sehr viele andere Dinge selbst herstellen: Geschirrspültabs, Shampoo oder auch Seife. Es gibt eine coole Website, auf der du extrem viele Selbstmachtipps findest:
www.smarticular.net

SPÜLMITTEL

Zutaten:
20 g Seifenflocken (1 kg kostet zwischen 6,80 und 14,95 Euro), 200 ml heißes Wasser, 1 EL Natron
Herstellung: Alle Zutaten im heißen Wasser auflösen.

Wenn du kein eigenes Spülmittel herstellen willst, verdünne einfach dein normales Haushaltsspülmittel, wenn die Flasche halb leer ist. Die Wirkung ist nicht wesentlich verringert und schon ist Geld eingespart.

ESSIG – MEIN WUNDERMITTEL IN DER KÜCHE

Essig ist als Weichspüler ein guter Ersatz. Drei EL Essig in das Weichspülerfach der Waschmaschine geben. Um einen feinen Geruch zu erhalten, gib eventuell noch drei Tropfen eines Duftöls dazu.

WASSERKOCHER – ENTKALKEN

Nach einiger Zeit, das ist fast gar nicht zu verhindern, bildet sich am Boden und an den Seiten des Wasserkochers ein Kalkbelag. Dieser löst sich dann beim Wasserkocher ab und

ist dann leider auch teilweise im Tee zu finden.
Hier die Lösung: Drei EL Essig in den mit Wasser gefüllten Wasserkocher geben und das Wasser aufkochen lassen. Eine Stunde warten. Dann das Wasser weggießen. Du kannst mit diesem Wasser auch gleich das Waschbecken putzen.

FENSTERREINIGER

Und auch hier ist der Essig wieder im Einsatz!
Fensterputzen war mir früher immer ein Graus. Nun nicht mehr. Wiederum hilft mir hier mein Lieblingsküchenprodukt, der Essig. Wasser und Essig im Verhältnis eins zu eins gemischt, in eine Sprühflasche gegeben und ab geht die Post. Die Fenster werden blitzblank. Das ist so einfach!

WEITERE ALLESKÖNNER IM HAUSHALT

Soda (Natriumcarbonat)
1 kg Waschsoda kostet ca. 4,30 Euro plus Versandkosten
Anwendungsgebiete von Soda:

- Reinigung verstopfter Abflüsse (3 EL Soda und 200 ml Essig vermischen)
- Entfernung von unangenehmen Gerüchen aus den Abflüssen
- Schweißgerüche aus T-Shirts entfernen
- Angebranntes aus Töpfen entfernen (3 EL Soda und Wasser in den Topf geben, Wasser aufkochen lassen, warten. Bei starken Verschmutzungen den Topf mit dem Gemisch über Nacht stehen lassen). Vorsicht! Soda kann

durch seine Eigenschaften Oberflächen angreifen und verändern.
Bitte deshalb bei folgenden Oberflächen Soda nicht zum Reinigen einsetzen: Glas, Aluminium, Linoleum.
Auch Oberflächen, die mit Dispersionsfarbe oder Lacken bestrichen wurden, nicht mit Soda behandeln.
ACHTUNG, wichtig: Waschsoda ist **nicht** zur Einnahme geeignet!

Kraftplatz

JEDEN TAG EINE GUTE TAT?

Wie wäre es? Es geht um nichts Großes. Mit einer guten Tat ist gemeint, im Kleinen Gutes zu tun. Z. B. jemandem ein Lächeln zu schenken. Vielleicht hilfst du einem älteren Menschen über die Straße ... nur eine kleine Aufmerksamkeit. Eine am Tag, das sind ganz schön viele pro Jahr, denn es gibt ja immerhin 365 Tage.

ZITRONENSÄURE

1 kg Zitronensäure kostet ca. 8,47 Euro plus Versandkosten
Anwendungsgebiete von Zitronensäure:

- Badezimmerreiniger: 50 g Zitronensäure und 500 ml Wasser – lauwarm mischen, einen Tropfen Spülmittel dazugeben, vermischen. In eine Sprühflasche geben.
- Zitronensäure eignet sich auch dazu, Töpfe zu reinigen. 200 ml warmes Wasser mit einem EL Zitronensäure vermengen und im verschmutzten Topf wirken lassen. Die Töpfe strahlen wie neu!

NATRON (NATRIUMHYDROGENCARBONAT)

1 kg Natron kostet ca. 2,36 Euro plus Versandkosten
Anwendungsgebiete von Natron:

- Fenster putzen (3 EL Natron in das Putzwasser) – die Fenster werden streifenfrei rein.
- Schlechte Gerüche aus Schuhen entfernen (3 EL in die Schuhe streuen, über Nacht drinnen lassen, am nächsten Tag mit dem Staubsauger das Natron entfernen).
- Teppiche reinigen. Großflächig auf den Teppich aufstreuen, eine Stunde einwirken lassen, wegsaugen.
  Eventuell vorab eine kleine Fläche probereinigen, wenn es sich um einen wertvollen Teppich handelt.
- Natron und Zimt – das mögen Ameisen nicht. Auf dem Weg der Ameisen aufstreuen – die Tiere verschwinden freiwillig.
- Obst und Gemüse gründlich waschen. 2 TL in das Wasser geben, Obst und Gemüse waschen. Dieser Tipp spart dir zwar kein Geld, gibt dir aber die Gewissheit, dass dein Obst und Gemüse wirklich sauber ist.[8]

BACKPULVER REINIGT DEN BACKOFEN

Backpulver mit Wasser aufschäumen, den Backofen damit gründlich einreiben und dann nach einiger Zeit mit einem feuchten Tuch alles wieder abwischen – ein Zaubermittel!

8 https://www.nachhaltigleben.ch/wohnen/natron-anwendungstipps-haushalt-gesundheit-4997

KLOPAPIERVERPACKUNG

Die Hülle, also die Verpackung der Klopapierrollen, kann man als Beutel zum Sammeln von Plastik verwenden.
Wenn wir nun schon beim Toilettenpapier sind. Kannst du dich noch erinnern, als im Jahr 2020 viele Menschen das WC- Papier im ersten Lockdown regelrecht gehamstert haben?
Welche Alternativen gibt es für WC-Papier und wie kann man hier Geld sparen?
Hier die Möglichkeiten:

- Der gute alte Waschlappen. Wasch dir deinen Popo mit dem Waschlappen. Kein Verbrauch von WC-Papier. Ja, ich bin bei dir, stimmt – dieser Tipp ist für echte Notzeiten gedacht.
- Verwende eine WC-Dusche. Diese kann man auch nachträglich ins WC einbauen lassen.
- Bidet – das ist ein Sitzwaschbecken. Dieses ist heutzutage sehr selten in Wohnungen zu finden. Hier kannst du dir auch deinen Popo waschen.

WIE KANNST DU DAS GELD FÜR DIE ÖFFENTLICHE TOILETTE SPAREN?

In der Ausgabenaufstellung hier im Buch werden auch Ausgaben für öffentliche Toiletten berücksichtigt. Wie schaffst du es, diesen Budgetpunkt zu vermeiden?
Wenn du eine Toilette brauchst, dann schau, ob:

- Ein Museum oder eine Uni in der Nähe ist. Bei Museen sind die WC-Anlagen oft vor der Kassa.

Unis sind generell geöffnet und die Toiletten frei zugänglich.

- WCs gibt es auch in großen Kaufhäusern oder Lebensmittelgeschäften – frag einfach danach und schon sind 50 Cent gespart. Du merkst dir dann deine WC-Möglichkeiten für das nächste Mal.
- Benimm dich einfach selbstbewusst, geh in ein Lokal auf das WC, auch wenn du dort nicht konsumierst. Wenn du gefragt wirst, dann überlege dir schon im Voraus die Antwort. Sei kreativ.
- WC im Lokal benützen – wenn du mit Partnerin oder Partner unterwegs bist. Deine Partnerin oder dein Partner nimmt an einem Tisch im Lokal Platz. Du gehst zur Toilette. Kommt eine Kellnerin oder ein Kellner zu deiner Partnerin oder deinem Partner, sagt diese bzw. dieser, dass sie bzw. er noch auf dich wartet. Wenn du vom WC kommst, dann geht ihr einfach beide raus.

Stimmt. Lokalbesitzerinnen und Lokalbesitzer werden jetzt nicht besonders erfreut sein über diesen Tipp. Doch sind wir uns mal ehrlich – machen wir das nicht alle so, wenn wir in großer Not sind?

VERLÄNGERE DEIN CANDLE-LIGHT-DINNER!

Falls du gern Kerzen anzündest, leg den Docht vor dem Anzünden in Salzwasser ein. Das verhindert das Tropfen und verlängert die Brennzeit.

DIE ZEITUNG – EINE WERTVOLLE PUTZHILFE!

Zeitungen lesen, sammeln und dann die Fenster und Armaturen damit putzen. Geht einfach und ist wirkungsvoll. Deine Fenster werden glänzen! Vielleicht schaust du auch, welcher Tag laut Mondkalender besonders gut zum Putzen geeignet ist – dann wird's noch besser.

Kraftplatz

BIST DU DIR DEINER STÄRKEN BEWUSST?

Du hast keine? Na hallo! Jeder Mensch hat Stärken! Wir erkennen sie vielleicht nicht immer. Wie wär's also, wenn du gleich mal deine Freunde und Familie interviewst, falls du bei dir selbst keine Stärken entdecken kannst. Frag: „Welche Stärken hab ich deiner Meinung nach?" Du wirst erstaunt darüber sein, was da alles an gutem Feedback zurückkommt. Das ist wie ein Schatz, der deinem Selbstbewusstsein guttut. Am besten du notierst dir die Antworten.

WASSER IST ZUM TRINKEN DA

Aha, Leitungswasser ist dir zu langweilig? Das habe ich schon so oft gehört. Deshalb hier einige Anregungen: Gib eine Zitrone oder Kräuter wie Pfefferminze, Melisse oder Ingwer in eine Flasche, gieße Wasser dazu und lass es ein bisschen stehen! Du wirst überrascht sein, wie köstlich das schmeckt. Wenn du meinst, dein Leitungswasser sei nicht gesund, dann lass vorab einen Test machen, um zu prüfen, in welchem Zustand das Wasser ist, das da aus deiner Leitung kommt.

Kinder

FREIZEIT MIT KINDERN VERBRINGEN – OHNE GELD AUSZUGEBEN

Bist du Mutter, Vater, Tante oder Onkel? Dann kann dieses Kapitel für dich sicher interessant werden.

Vorab möchte ich dir eine Frage stellen und dich bitten zu überlegen, wie hier deine Sicht dazu ist.

Die Frage: Also, meinst du, dass es für Kinder besonders wichtig ist, wohlhabende Eltern zu haben? Oder, dass Sie es lieben, in Markenklamotten gekleidet zu sein? Bzw., dass es vorteilhaft ist, wenn die Familie ein großes Auto fährt? Abgesehen von der Sicherheit. Macht das ein Kind glücklich? Sag! Wie ist deine Meinung dazu? Macht Geld Kinder glücklich?

Du bist nicht wohlhabend, fährst kein großes Auto, lebst

in einer mittelgroßen bis kleinen Wohnung? Bist du jetzt vielleicht gerade traurig darüber, dass du deinem Kind das alles nicht bieten kannst? Bitte sei nicht unglücklich, wenn du nicht vermögend wie Dagobert Duck bist und deinen Kindern nicht all die Annehmlichkeiten, die mit Geld zu tun haben, geben kannst.

Vergiss es! Denn viel Geld und Luxus, machen Kinder nicht wirklich glücklich.
Da gibt es aus meiner Sicht etwas, das ist viel wichtiger als Geld. Das ist ZEIT. Sich aufmerksam Zeit für den anderen nehmen.
Glückliche Kinder – also das ist nur meine persönliche Sicht, glückliche Kinder haben Bezugspersonen, die ihnen Zeit schenken. Und auch die Gewissheit: „Wenn du mich brauchst, dann kannst du zu 100 Prozent auf mich zählen." Alles andere ist eine gefüllte Haut – nämlich „Wurst".
Natürlich benötigen Kinder Essen und ein Dach über dem Kopf. Gute Bildung zu bekommen ist für Menschen ebenso ein Geschenk. Das ist keine Frage. Das, was Kinder jedoch stark und sicher ins Leben gehen lässt, ist echte Aufmerksamkeit, Anerkennung und gemeinsame Zeit mit Mutter, Vater oder beiden gemeinsam.
Die aufmerksame Zeit, die du mit deinem Kind verbringst, zählt. Nämlich die Zeit, die du mit deiner Aufmerksamkeit tatsächlich vorhanden bist. Ob du jetzt viel Geld hast oder nicht, ist wirklich egal. Viel wichtiger ist, dass du für dein Kind da bist. Gemeinsam spielen ist eine schöne Sache. Wenn die Spiele dann auch simpel sind und diese nichts

kosten „außer“ deine Zeit, dann ist die Welt vollauf in Ordnung.
Hier einige Anregungen, wie ihr die Freizeit verbringen könnt, ohne Geld auszugeben.

DANKE – DAS WAR LIEB VON DIR

Das Mobiltelefon und schnelle Nachrichten. Wie wär’s mal ganz anders? Ja, vielleicht sogar aus deiner Sicht „zurück in die Steinzeit“.
Frage: Wann hast du zum letzten Mal einen Brief oder eine Karte geschrieben?
Du und dein Kind, ihr bastelt eine Ansichtskarte. Wie ihr das macht, ist ganz eurer Kreativität überlassen. Vielleicht gestaltet ihr die Karte sogar mit einer Collage aus Zeitungsausschnitten. Wem wollt ihr diese Karte senden? Ihr denkt gemeinsam nach, wer euch in der letzten Zeit nah war. Dann schreibt gemeinsam diesem Menschen.
Diktiere deinem Kind den Text nicht – es ist viel schöner, wenn es in den eigenen Worten schreibt. Kann es noch nicht schreiben, dann übernimmst du das Schreiben und dein Kind sagt dir an, was du schreiben sollst.

WOLKENBILDER ERKENNEN

Draußen im Garten oder auf einer Wiese im Park. Schönes Wetter und ein paar Wolken am Himmel sind nötig. Nehmt eine Decke, legt euch auf den Rücken und ab geht’s zum Wolkenschauen. Was ist wohl diese Wolke, die da groß am Himmel über euch schwebt? Ein Tier – vielleicht ein Hund?

Versucht zu erkennen, was das sein könnte. So kann man fast stundenlang die Zeit verbringen. Achtung – bitte an die Sonnencreme denken!

SO SEIN WIE MAMA ODER PAPA?

Hol einige Kleidungsstücke, Taschen und Schuhe. Von Papa oder Mama. Dein Kind verkleidet sich mit deinen Sachen. Und wenn's ganz lustig sein soll, dann macht dein Kind euch auch noch nach. Hahaha, da lache ich schon beim Schreiben. Schau mal, wie dein Kind dich sieht!

KASPERL WAR GESTERN – SOCKENTHEATER IST HEUTE!

Nehmt einige Socken und werft sie auf einen Haufen. Jeder nimmt sich nun die Socke, die er gut findet. Und nun geht's los: Ihr macht eine Theateraufführung mit den Socken. Vielleicht übt ihr sogar ein richtiges kleines Stück ein und spielt es dann den Geschwistern oder den Großeltern vor.

DETEKTIVE FÜR DIE UMWELT

Als die Mülltrennung bekannt gemacht werden sollte, informierte man darüber vorrangig auch die Kinder in den Volksschulen. Sie sollten von Anfang an das Bewusstsein dafür bekommen. Auch zu Hause kann man Kinder sensibel für die Umwelt machen. Seid Detektivinnen und Detektive, nehmt ein Blatt und einen Bleistift und geht gemeinsam von Zimmer zu Zimmer. Schreibt auf, in welchem Zimmer welche Elektrogeräte sind. Sind diese auf Stand-by? Was kann man weglassen? Welche Geräte braucht man nicht?

EURE WOHNUNG WIRD ZUR GROSSEN WEITEN WELT

Dein Kind und du, ihr geht durch die Zimmer. Jedes Zimmer wird zu einem anderen Land. Der Teppich z. B. ist ein Meer, die Sitzbank ein Berg. Oh, da ist eine Bananenpalme (deine Topfpflanze). Achtung da ist ein See, bitte nicht reinfallen. Wie weit ist ein anderes Land von eurem entfernt, welche Sprache wird dort gesprochen? Wie viele Einwohner wohnen hier? Wenn dein Kind schon älter ist, kannst du ihm vermitteln, welche Bodenschätze es dort gibt, wie die Hauptstadt des Landes heißt und wie viele Einwohner das Land hat, das gerade in eurem Wohnzimmer „zu Besuch ist".
So hat dein Kind einfach und spielerisch die Möglichkeit, mehr Wissen über die Welt zu bekommen. Das wird in der Schule hilfreich sein.

DIE GESCHICHTE AUS DER TASCHE

Das wird eine Überraschung. Und du erzählst deinem Kind jetzt nicht, was kommt.
Im ersten Schritt sammelt ihr die verschiedensten Gegenstände und gebt sie in ein Sackerl oder in den Einkaufskorb. Z. B. einen Löffel, eine Haarspange, ein Buch, ein Handtuch, ein T-Shirt, einen Farbstift, egal was. Was du und dein Kind auch immer einpacken wollt.
Und nun wird eine Geschichte erzählt, in der die Gegenstände vorkommen. Entweder erzählt jeder bzw. jede von euch eine eigene Geschichte oder ihr erzählt sie gemeinsam.

Natürlich könnt ihr auch aus Zeitungen Bilder ausschneiden. Und diese Bilder kommen dann in euren Geschichten vor!

FITNESS AUCH ZU HAUSE

Dieses Spiel bitte nur spielen, wenn ihr freundliche Nachbarinnen und Nachbarn habt – falls ihr in einer Wohnung lebt.
Mit den verschiedensten Utensilien stellt ihr einen Fitnessparcours zusammen. ACHTUNG – im Voraus auf Sicherheit achten, falls jemand stürzen sollte.
Da ist z. B. eine Decke, die man umrundet. Socken, auf die man ganz exakt steigt. Manche sind weit auseinander. Und die Töpfe, über die hüpft ihr.
Alles bitte immer aus dem Blickpunkt Sicherheit. Und wenn die Kinder dann zu wild werden – lieber stoppen!

TANZEN BRINGT ALLE ZELLEN IN SCHWUNG!

Hat dein Kind ein Lieblingslied? Ja? Dann geht jetzt die Post ab. Ihr tanzt gemeinsam zu diesem Lied.
Und am besten macht ihr das jeden Tag zu einer festgelegten Tageszeit. Tanzen ist sehr entspannend und baut Stress ab!

STELL DICH AUF MEINE FÜSSE, ICH TRAGE DICH DURCHS LEBEN

Das haben meine Kinder und ich sehr oft gemacht. Nämlich gerade dann, wenn sie unruhig oder traurig waren und

Entspannung und Halt gebraucht haben.
Du selbst stehst fest im Leben. Es ist gut, wenn dein Kind das fühlen kann. Dein Kind stellt sich auf deine Füße und schließt die Augen. Dann umarmt es dich, damit es gut und sicher steht. Nun beginnst du zu gehen. Langsam machst du einen Schritt nach dem anderen. Dein Kind gibt dir sein Vertrauen und lässt sich von dir führen. Du wirst sehen, wie es dieses besondere Gehen genießt. Es kann dabei loslassen und Verantwortung abgeben. Das macht ihr dann auch in Zukunft, wenn es traurig ist, Angst oder Stress hat. Das ist natürlich auch mit sanfter Musik möglich. Am besten nehmt ihr immer das gleiche Lied. Das ist ein schönes Ritual.

Kraftplatz

KENNST DU DEINE WERTE?

Was ist dir als Mensch im Leben wichtig, was leitet dich?
Z. B. ist einer meiner Werte „Gesundheit".
Hier hast du die Möglichkeit, deine Werte zu ermitteln:
www.simacoaching.at/wertefinden/

WIE HEISST WAS?

Ihr nehmt einen Wäschekorb und gebt verschiedene Kleidungsstücke hinein. Dann geht immer einer nach dem anderen hin und nimmt ein Stück raus und sagt den Namen des Kleidungsstücks z.B. auf Englisch. Das kannst du mit allen anderen Dingen auch machen, z. B. mit Kochgeschirr oder Büromaterial wie Stiften, Heften, Büchern.
Das ist hilfreich für die Schule, denn dein Kind bekommt so spielerisch Sicherheit in einer anderen Sprache. Die

Sprache ist natürlich frei wählbar.

IST ZU HAUSE OFT „THEATER"?

Oh nein, das Theater, das „Stress oder Streit" heißt meine ich dabei nicht. Die Idee ist, ein eigenes kleines Theaterstück zu schreiben. Gemeinsam. Ihr bastelt zusammen auch die Kostüme dafür. Und dann führt ihr es auf und überrascht damit vielleicht die Großeltern.

FÜNFTAUSEND BIS SECHSTAUSEND STÜCK

Ende mit Spielen. Jetzt sind wir wieder in der Realität und rechnen gleich mal gemeinsam. Ein Kind braucht im Durchschnitt ungefähr 5.000 bis 6.000 Windeln. Das ist ungefähr eine Tonne Abfall. Wie wäre es, Stoffwindeln zu verwenden?
Hier ein Kostenvergleich zwischen Stoffwindeln und Wegwerfwindeln bzw. die interessante Frage: „Sind Stoffwindeln wirklich teurer als Wegwerfwindeln?"
Die Anschaffungskosten schrecken viele Eltern sicher gleich mal ab. Man hat hier mit einem Schlag 400-600 Euro auszugeben. Gut, das ist viel Geld. Wenn ein Baby zur Welt kommt, dann ist ja von vornherein schon viel zu kaufen. Kinderwagen, Wickeltisch etc. Da läuft das Geld nur so aus der Brieftasche. Und da macht ein Betrag von an die 600 Euro ganz schön viel aus!
Rechnen wir mal gemeinsam:
5.000 bis 6.000 Windeln braucht ein Baby im Zeitraum, in dem es gewickelt wird. Also in 2,5 Jahren. Das macht bei

den Wegwerfwindeln einen Betrag von an die 1.500 Euro aus.
Achtung - das bitte auch bedenken: Stoffwindeln kaufst du einmalig. Dann kommen keine Kosten mehr auf dich zu. Und wenn du dann noch ein weiteres Kind planst - dann zahlt sich die Sache schon gut aus. Bei zwei Kindern sind das 600 Euro bei Stoffwindeln. Und dazu dann im Vergleich bei zwei Kindern ca. 3.000 Euro für die Wegwerfwindeln. Da sieht die Welt schon besser aus.
Natürlich - das Waschen/Trocknen von Stoffwindeln kostet auch Geld. Klar. Hier rechne bitte einen Betrag von 150 Euro dazu. 600 Euro für die Anschaffung und 150 Euro für das Waschen. Wir sind hier bei 750 Euro. Also entstehen noch immer geringere Kosten als bei den Wegwerfwindeln.

Achtung - Sondermüll. Eine Tonne Müll kannst du pro Kind für die Einwegwindeln rechnen. Und hier fallen auch Kosten für die Entsorgung an - Stichwort „Windeltonne".
Oh, hallo - was habe ich denn hier erfahren? Es wird angenommen, dass Kinder mit Stoffwindeln früher trocken werden. Dafür gibt es jedoch bisher keine Forschungsergebnisse. Erfahrungen mit dem Nässefeedback lassen den Schluss zu, dass Kinder, die Stoffwindeln tragen, eventuell dadurch früher trocken werden. Ohne Zwang und Zutun der Eltern? Das hört sich gut an! Aber warum ist das so? Die Kinder spüren die Feuchtigkeit in der Windel stärker und entwickeln somit automatisch das Bedürfnis, schneller trocken zu werden. Gut, dann ist hier auch eine Ersparnis bei den Waschkosten für die Stoffwindeln zu vermerken.

All diese Fakten haben wir freundlicherweise von **www.hinzling.de** erhalten. Hier kannst du auch deine Stoffwindeln kaufen. Verena ist Hebamme und 2020 Mutter einer entzückenden Tochter geworden, sie hat das Unternehmen gegründet.

SCHAU AUF DICH!

Mir fallen da drei Worte ein: Ernährung, Bewegung, Geist. Wenn ich mich regelmäßig bewege, dann fühlt sich mein Geist wohler, und wenn ich auf meine Ernährung achte ebenfalls. Der Körper ist dann zufrieden, wenn ich gutes Essen (selbstgemachte Speisen, kein Fast Food) zu mir nehme. Ich vergleiche das immer mit einem Auto, in das man ja auch gutes Benzin füllt, damit es dann hoffentlich länger und besser fährt. Wenn man sich selbst gesunde Lebensmittel gönnt, dann „fährt" der eigene Körper automatisch besser und hoffentlich auch länger. Unser Körper ist immerhin unser Zuhause, in dem wir uns wohlfühlen sollten. Fühle ich mich besser, brauche ich keine unnötigen Käufe zu machen, um mir auf diese Weise ein Glücksgefühl zu verschaffen.

HAARE SCHNEIDEN

Meine Kinder lachen mich heute noch aus, weil ich ihnen früher die Haare selbst geschnitten habe. Sie zeigen mir auch oft Bilder, auf denen sie recht lustige Frisuren haben. Trotzdem stellt sich für mich die Frage, warum man Kindern, wenn sie noch klein sind, die Haare nicht selbst schneiden sollte. Es ist wirklich eine Geld- und auch eine Nervenersparnis ... oder vielleicht „erspart“ es einem die Nerven auch nicht? Na ja, zumindest schont es die Geldbörse!

BABY- UND KLEINKINDKLEIDUNG – TAUSCHE, WAS DAS ZEUG HÄLT!

Das machen sehr viele Eltern und es lohnt sich definitiv. Schau einfach, wer in deiner Umgebung Kinder im Alter deiner Kinder hat – und tausche.

Ich hatte großes Glück, denn meine Kinder sind knapp nacheinander zur Welt gekommen. Auch das Geschlecht war das gleiche – drei Mädchen. So hat dann meine älteste Tochter ihre Kleidung an die mittlere und die mittlere ihre wiederum an die kleinste weitergegeben. Ökonomisch war das sehr, sehr gut.

BADEZUSÄTZE

Schau dich im Supermarkt um. Es gibt unendlich viele Badezusätze für Erwachsene und auch für Kinder. Was hältst du davon, es mal anders zu machen? Und zwar beim nächsten Baden ein paar Tropfen Olivenöl in die Badewanne zu geben und mehr nicht. Oder vielleicht Blüten von Blumen?

KINDER ZEICHNEN SEHR GERN

Vielleicht hast du den Mut, in eine Firma in deiner Nähe zu gehen und zu fragen, ob es bedrucktes Papier gibt, das nicht mehr benötigt wird und dessen Rückseite noch leer ist. Frag die Mitarbeiterinnen und Mitarbeiter, sie werden dir ihr „Altpapier" gern schenken. Und dann frag gleich weiter – und zwar nach Kartons. Mit Kartons – und zwar mit großen – bastelt man herrliche Kartonhäuser, nein, ganze Kartonstädte! Und jetzt bemerke ich gerade – da ist ja noch ein Kind in mir. Das würde ich auch gern machen – Kartonstädte bauen!

Kraftplatz

FESTKLAMMERN

Das Beständige im Leben ist die Unbeständigkeit. Wenn dir das bewusst ist, lebt es sich viel leichter. Dann klammerst du dich nicht an Menschen und Gewohnheiten fest. Das macht dich freier. Eine schwere Übung, ich weiß!

Kleidung

AUSMISTEN

Ich gebe zu, vor ungefähr zwölf Jahren hatte ich noch circa sechs Meter Kastenfläche. Schrecklich! Du hast vollkommen recht! Zu dieser Zeit gab's bei mir beruflich sehr viel Stress, Teenager zu Hause ... und daher habe ich versucht, meine Anspannung mit Frusteinkäufen zu kompensieren. Es war leider einfach so. Doch dann hatte ich einige interessante Highlights.

Vor zehn Jahren las ich ein Buch, das ich nur jeder und jedem empfehlen kann, und zwar „Magic Cleaning" von Marie Kondo – unglaublich klasse. Ich fasse den Inhalt des Buches ganz kurz zusammen: Die Autorin beschreibt, wie man alle Bereiche seines Lebens und eben z. B. auch seine Kleidung ganz einfach ausmisten kann. Du brauchst dafür auf jeden Fall genügend Zeit!

Du nimmst dann wirklich all dein Gewand aus dem Kasten

und legst es auf dein Bett. Ich habe beispielsweise alle T-Shirts auf einen Haufen gelegt, alle Hosen auf einen anderen usw. So sieht man erst, wie viel Kleidung man tatsächlich besitzt. Und ich hatte damals – wie bereits erwähnt – sehr, sehr viel Kleidung. Da hat gar nicht alles auf mein Bett gepasst. Mittlerweile habe ich einen Meter Kastenfläche für das Sommergewand und einen Meter für die Winterkleidung und dort ist alles drin, was ich an Kleidung besitze.

Nachdem du den ersten Schock über deinen vielleicht großen Kleiderhaufen überwunden hast, nimmst du jedes Teil in die Hand, schaust es an und überlegst genau, wann du es zum letzten Mal getragen hast. Vor Kurzem? Dann kommt das liebe Kleidungsstück auf den „Bleibt-Haufen". Hast du es jedoch vor einem Jahr oder sogar vor zwei zum letzten Mal getragen? Oder hast du es vielleicht noch gar nie getragen und hängt darauf sogar noch das Preisschild? Oho, dann kommt es rasch auf den Haufen „nochmals kontrollieren".

Wenn du nun all deine Kleider entweder dem „Bleibt-Haufen" oder dem „Nochmals-kontrollieren-Haufen" zugeordnet hast, gehst du Letzteren noch einmal durch. Du nimmst wieder jedes einzelne Teil nacheinander in die Hand und fragst dich, ob du dich gut fühlst, wenn du dich mit diesem – nehmen wir als Beispiel ein Kleid – vor dem Spiegel betrachtest. „Liebes Kleid, wenn ich dich probiere und dann sofort wieder weglege, brauche ich dich nicht."

Du kannst jene Teile, die du schlussendlich aussortiert hast, verkaufen, sie einer Freundin oder einem Freund schenken oder als Spende in einen Altkleidercontainer geben. Aber versprich dir dann bitte, dass du vor dem nächsten Kauf genau darüber nachdenkst, ob du ein Teil wirklich brauchst.

DIE 30-TAGE-REGEL

Du versprichst dir selbst, wie vorhin schon beschrieben, dass du immer nachdenkst, bevor du dir etwas Neues kaufst. Wenn du ein cooles Teil siehst, dann kauf es nicht sofort!
Wenn du nach dreißig Tagen immer noch daran denkst und wenn es dieses dann tatsächlich noch zu erwerben gibt, kannst du überlegen, es zu kaufen.

WAS DU NICHT BRAUCHST

Ich habe vor Kurzem gelesen, dass wir uns in der Zukunft mehr damit beschäftigen werden, was wir nicht brauchen, als damit, was wir brauchen. Guter Ansatz, oder?

DAS BRINGT'S TATSÄCHLICH

Vor vielen Jahren habe ich eine Farbberatung für mich machen lassen. Es gibt vier Farbtypen: Frühling, Sommer, Herbst und Winter bzw. auch oft Mischtypen. Bei der Beratung werden dir farbige Tücher zum Gesicht gehalten und du erkennst, welche Farben dir stehen und welche nicht. Manche Menschen sind klare Frühlingstypen.

Das wären dann z. B. Pastellfarben. Selbst bin ich kein Frühlingstyp. Ich würde zwar sehr gerne Kleidung mit Pastellfarben anziehen, die passen aber leider überhaupt nicht zu meinem Farbtyp.

Somit kaufe ich seit dieser Beratung auch keine pastellfarbige Kleidung mehr für mich ... Pastelltyp ich bin's einfach nicht. Wenn du also genau weißt, welcher Typ du bist, dann wirst du nie mehr danebengreifen. Ich bin z. B. ein Herbsttyp und liebe Olivgrün. Diese Farbe steht mir. Kennst du erst einmal deinen Farbtyp, kann dir auch keine Verkäuferin oder kein Verkäufer mehr einreden, dass dir beispielsweise Zitronenfaltergelb ausgezeichnet stehe. Du lässt einfach die Finger davon und so wirst du auch ganz viele Käufe vermeiden. Was auch immer bei solch einer Beratung rauskommt: Es ist wichtig, dass DU dich wohlfühlst. Farbberatung kann dir Klarheit verschaffen.

MAGIC CLEANING À LA MARIE KONDO

Wenn du deine Kleidung à la Marie Kondo ausmistest und somit wirklich nur noch die Teile hast, die du magst, und diese auch noch nach Farben sortiert aufhängst, dann wirst du sehen, wie klasse das ist. Aber sei gewarnt! Wenn du auch deine gesamte Wohnung diesem Magic-Cleaning-Prozess unterziehst, wird sich in deinem Leben vieles ändern. Denn wer reinigt, der bringt das Leben in Schwung.

WEN JUCKT'S?

Wenn du eine Strumpfhose hast, die ein Loch hat, kannst du sie entweder wegschmeißen oder du kannst sie deiner Omi geben, falls sie diese noch stopfen kann. ODER du kannst so sein wie ich, die endlich von ihrer Perfektion weggegangen ist, und ziehst die Strumpfhose mit Loch einfach an. Warum auch nicht? Wenn ich zu Hause im Homeoffice sitze, hab ich meine Strumpfhose mit Loch in der Sohle an und zieh halt Socken darüber. Wenn ich rausgehe, dann zieh ich meine Stiefel an und niemand sieht das Loch. Wen juckt's also, außer vielleicht dich selbst? Hier trotzdem ein Tipp: Nagellack hilft bei Löchern in Strumpfhosen. Bevor eine Masche „weiterzieht", gib einfach einen klaren Nagellack drauf und schon ist die Masche gestoppt.

DIE SCHNEIDERIN IST MEINE LIEBSTE FREUNDIN UND DER SCHNEIDER IST MEIN LIEBSTER FREUND

Warum? Ich lebe nach folgendem Motto: Nichts mehr wegwerfen, sondern Teile, die defekt sind, wieder reparieren. Das heißt, Jeanshosen, die Löcher haben, werden gerichtet. Zurzeit häkle ich eine Blume für eine Jeanshose mit Loch. Diese kommt dann über das Loch. Vielleicht kennst du auch jemanden so wie meinen Lieblingsschneider, der dir helfen kann, wenn etwas aufgerissen ist oder ein Loch hat. Dann musst du es nicht wegschmeißen. Du kannst es richten lassen und sparst dir Geld.

Kraftplatz

TANZ DEN STRESS WEG!

Eine Freundin hat mir mal eine ganz coole Musik geschickt. Ich hab dazu getanzt und das mach ich jetzt immer wieder, wenn ich Stress fühle. Früher, als meine Kinder noch klein waren, tanzten wir oft in der Küche. Meine Kinder können sich bis heute daran erinnern. Tanz den Stress einfach weg! Es braucht ja niemand zuzuschauen.

MUSTERMIX GEFÄLLIG?

Ich habe so ein Faible: Ich liebe es, wenn Muster nicht offensichtlich zusammenpassen. Das finde ich so krass, dass es schon wieder cool ist. Ich weiß nicht warum, aber das bin einfach ich. Wenn du z. B. ein Kleid hast, das oben nicht mehr so schön ist, dann kannst du daraus einen Rock machen. Aus zwei defekten Kleidern kannst du vielleicht ein neues zusammennähen. Schaut bei den jeweiligen Mustern vielleicht ausgefallen aus, aber du bist dann vollkommen individuell und hast deinen eigenen Style.

MODE WAR GESTERN

Zieh an, was dir gefällt, und kreiere deinen eigenen Modestil! Sei Schöpferin und Schöpfer deiner Mode und kümmere dich nicht darum, was die anderen tragen. Was laut Modeexpertinnen und -experten gerade modern ist, muss für dich ja noch lange nicht passen. Da erinnere ich mich an einen guten Sager: „Wenn du genug Selbstbewusstsein hast, dann kannst du sogar einen Kartoffelsack tragen und er schaut cool an dir aus, weil du ihn zu tragen vermagst." Das ist nämlich das, was es wirklich ist.

EH SCHON EIN ALTER HUT

Gebraucht kaufen, Secondhand - altmodisch? Oder lieber eBay oder Tauschpartys? Veranstalte eine Tauschparty mit deinen Freundinnen und Freunden. Dann hast du Teile, die für dich neu sind, und die anderen sind froh, wenn sie diese in guten Händen wissen.

INVESTIERE IN EINE GEBRAUCHTE NÄHMASCHINE!

Falls du nähen kannst, kauf dir eine gebrauchte Nähmaschine! Säume raufnähen, deine zwei alten Kleider, wie vorhin beschrieben, zu einem zusammennähen ... alles ist möglich.

WENIGER IST MEHR

Natürlich mag ich Mode und natürlich kaufe ich mir auch etwas, wenn es in meinen finanziellen Rahmen passt. Aber wenn man weniger hat und die Teile, die man besitzt, wirklich mag (Stichwort: Magic Cleaning), weil sie absolut dem eigenen Typ entsprechen (Stichwort: Farbberatung), dann hat man viel mehr Überblick und vor allem Freude an der Kleidung, die dann auch tatsächlich passt.

Kraftplatz

IN DEN SCHUHEN DER/DES ANDEREN

Stell dir vor: Du hast mit einem Menschen Probleme. Du verstehst seine Reaktion und sein Handeln nicht. Wäre es für dich dann möglich, dass du in Gedanken in die Schuhe der/des anderen schlüpfst? Ich meine damit, dass du versuchst, dich in den Menschen hineinzuversetzen. Was fühlt sie/er gerade? Warum handelt sie/er in einer bestimmten Weise? So bekommst du vielleicht ein bisschen mehr Verständnis.

NUR IM AUSVERKAUF

Ich habe eine Freundin in Italien, die ihre wunderschöne Mode seit jeher ausschließlich im Ausverkauf kauft. Sie spart sich dadurch um die 50 Prozent und kann sich hochwertige Kleider leisten, die sie bis zu 15 Jahre lang trägt. Sie folgt diesem Prinzip tatsächlich eisern: Nur im Ausverkauf!

XY STÜCK KLEIDERHAKEN UND NICHT MEHR

Ich habe in meinem Kasten XY Stück Kleiderhaken und nicht mehr. Wenn ein neues Kleidungsstück kommen will, muss ein altes gehen, denn mein Kasten bietet einfach nicht mehr Platz.

VERKÄUFERINNEN UND VERKÄUFER – WIE DER TEUFEL NACH DER SEELE

Vor einem Jahr gelang es in Hamburg einer Top-Verkäuferin, sich „meine Seele zu krallen". Und das kam so: Ich erlaubte mir nach langem Überlegen, in einem Geschäft

einen sonnengelben Rock zu kaufen, weil ich mit der Farbe Gelb Leben in den Winter bringen wollte. Normalerweise ist ja alles braun, schwarz oder grau. Also hurra, Gelb! Da könnte ich doch zufrieden sein, oder? Die Verkäuferin war es aber nicht, denn sie drehte mir gekonnt ein Zebrateil in Schwarz-Weiß an. Farben, die ich überhaupt nicht trage. Ich war leider nicht standhaft! Wo war hier meine 30-Tage-Regel, frage ich mich gerade?! Na also, da falle ich dennoch auf ihr gekonntes Verkaufsgeschick rein. Sie hat es sich wirklich verdient – ich nicht! Das Zebrashirt ist teuer, ich trage es nicht und ich werde es auch nie tragen ...

Hier nun ein Tipp, was man – demnach auch ich – in so einem Fall tun sollte: Man atmet einmal tief ein und wieder aus und sagt dann höflich, aber bestimmt zur Verkäuferin oder zum Verkäufer: „Nein danke, ich brauche das nicht!“ Ich hab’s letztens in Hamburg leider nicht gekonnt, aber ich werde im Neinsagen immer besser und besser.

ZWEIMAL IM JAHR RAMBAZAMBA

Also, ich bin ja schon durch diesen Magic Cleaning Prozess gegangen. Das heißt, ich halte das nach wie vor ein, keine Sachen anzuhäufen, die ich nicht brauche. Trotzdem mache ich zweimal im Jahr Rambazamba. Im Wechsel von Sommer auf Winter und von Winter auf Sommer, wird im Kleiderschrank sauber gemacht. Ich lege all meine Kleidungsstücke auf mein Bett und schaue genau. Was brauche ich? Was fliegt aus meinem Kleidersortiment raus? Meine Sommersachen motte ich im Winter ein und umgekehrt. Mein Kasten ist nicht so groß. Deshalb wird Sommer- und Winterkleidung getauscht, was ich gerade nicht anziehe, kommt in den Keller. Strikt mache ich zweimal im Jahr: mein ganz persönliches Rambazamba!

IST DER TRENNUNGSSCHMERZ WIRKLICH SO GROSS, DANN SCHREIB BRIEFCHEN!

Wenn du dich nicht so schnell von einem Teil trennen kannst bzw. willst, dann schau der Wahrheit bitte ins Gesicht! Schreib das heutige Datum auf einen Zettel und steck diesen auf den Kleiderhaken jenes Kleidungsstückes, das du einfach nicht gehen lassen willst. Dann hast du sozusagen einen schriftlichen Beweis dafür, wie lange du es nicht getragen hast. Vielleicht ein halbes Jahr nicht? Oder etwa gar nicht? Und dann bitte wirklich Tschüss mit ü, Tschau mit au und weg damit!

Freizeit

BÜCHER

Wenn du ein Bücherwurm bist und ganz viele Bücher verschlingst, diese nicht online lesen willst, sondern ein Buch in der Hand haben möchtest, dann kann ich dir etwas extrem Gutes empfehlen:
Bücher verkaufen bei momox. www.momox.de
Gebrauchte Bücher kaufen bei medimops.
www.medimops.de
Hier kannst du Bücher zu sehr günstigen Preisen kaufen und auch wieder verkaufen. Folgender Tipp: Wenn du Bücher verkaufen möchtest, musst du immer deren Internationale Standardbuchnummer (ISBN) eingeben. Da kann es manchmal sein, dass Momox das Buch gerade

nicht kaufen will. In so einem Fall empfehle ich dir, es vorerst zur Seite zu legen und es in ein oder zwei Monaten nochmals zu versuchen. Es kommt nämlich immer darauf an, ob gerade eine Nachfrage nach diesem Buch besteht. Du kannst beim Kaufen von Büchern auf medimops Schnäppchen machen und man findet dort sogar aktuelle Bestseller in gutem, gebrauchtem Zustand um viel weniger Geld.

GEH IMMER MIT DEINEM „KIT" RAUS!

Wenn ich außer Haus gehe, habe ich in meiner Tasche bzw. in meinem Rucksack immer mein „Kit" dabei, das aus einer Wasserflasche, Schreibzeug, Taschentüchern und einem Riegel besteht. Dann werde ich nicht zu Spontankäufen verleitet. So muss ich mir unterwegs keinen Riegel kaufen.

FAHR MIT!

Wenn du in einer Stadt wohnst und kein eigenes Auto besitzt oder einfach auf ein Auto verzichten möchtest, dann gibt es einige Plattformen, auf denen du Mitfahrgelegenheiten buchen kannst. Ich habe mal einen Anbieter für dich rausgesucht und zwar: blablacar.de. Dort findest du ganz passende und kostengünstige Mitfahrgelegenheiten. Das geht nach einer kostenlosen Registrierung sehr einfach, weil auf den Plattformen bereits viele Leute angemeldet sind. Bei manchen Plattformen kannst du auch vergleichen, wie viel dieselbe Strecke mit dem Zug kosten würde. Wenn du selbst ein Auto hast und jemanden

mitnehmen willst, dann bekommst du Geld dafür. Hier die derzeit aktuellen Preise:
Fahrt Graz-Wien 10-13 Euro,
München-Wien 25-30 Euro

GEHST DU GERN INS KINO?

Ich auf jeden Fall. Kinos bieten immer wieder Familientage an, an denen die Tickets wesentlich günstiger sind.

KINOABENDE MAL ANDERS

Wenn du dir jedoch das Geld für die Kinokarte sparen willst, veranstalte mit deinen Freundinnen und Freunden entweder bei ihnen oder bei dir zu Hause Kinoabende.
Ja, und in einem kannst du dir sicher sein: Dein eigenes Popcorn schmeckt zu 100 Prozent besser als außer Haus.
Verbotener Tipp: Manche Menschen nehmen einen Rucksack mit ins Kino. Na ja, und was ist denn da wohl drinnen? Schmeckt besser und spart Geld.

FAHRRÄDER - GÜNSTIG KAUFEN

Kinder wachsen sehr schnell. Deshalb gibt es in einigen österreichischen Städten sogenannte Radbörsen. Laut meinen Recherchen finden Radbörsen z. B. in Wels, Salzburg, Tulln und Bruck an der Leitha statt, Eine Radbörse ist sehr interessant für Familien mit Kindern, die noch im Wachstum sind. Fahrräder kosten, Kinder wachsen schließlich nicht nur aus ihren Schuhen, sondern auch aus

ihren Fahrrädern schnell wieder raus.
Wie funktioniert so eine Radbörse? So war es auf meiner letzten Radbörse.
Du putzt und polierst das alte Fahrrad deines Kindes und gehst damit zeitig in der Früh auf die Radbörse. Dort bekommst du eine Karte mit einer Nummer in die Hand und auch das Fahrrad bekommt diese Nummer. Auf die Karte schreibst du den Betrag, den du für das Fahrrad bekommen möchtest. Tipp: Hier keinen überhöhten Preis verlangen, weil du das Fahrrad ja immerhin an diesem Tag noch verkaufen willst. Vielleicht möchtest du für dein Kind auch gleich ein neues kaufen. Die Veranstalterinnen und Veranstalter nehmen dann dein Fahrrad, stellen es zu den anderen Fahrrädern. Du brauchst dich um gar nichts mehr zu kümmern. Am Ende der Radbörse – meistens gegen Mittag – musst du dann allerdings wiederkommen, um zu

Kraftplatz

SO WIE BEIM AUTO

Wenn wir die finanziellen Möglichkeiten haben, dann füllen wir in unser Auto hochwertiges Benzin. Wir merken dann, dass das Auto länger und problemloser fährt. Machen wir das auch bei uns selbst? Oder schlingen wir z. B. in der Mittagspause ein Weckerl mit zwei Bissen hinunter, anstatt es in Ruhe zu genießen und vernünftig zu kauen? Also, was füllst du in deinen Körper? Den guten Stoff, damit dich dein Körper gut durchs Leben tragen kann, oder ist es dir einerlei? Denk daran: Du bist, was du isst.

schauen, ob dein Rad noch da ist. Wenn es nicht mehr da ist, gehst du mit deiner Nummer zur Kassa, bei der du dein Geld bekommst.
Die Veranstalterinnen und Veranstalter behalten einen kleinen Betrag ein, um die Organisation der Radbörse auch im nächsten Jahr wieder vornehmen zu können. Selbstverständlich brauchst du aber auf der Radbörse kein Rad verkaufen, nur um ein anderes kaufen zu können. Wenn du ein Kind hast, dem du ein Fahrrad kaufen möchtest, dann besuchst du mit deinem Kind einfach eine Radbörse und schaust dich um, was dort angeboten wird. Dein Kind kann das Fahrrad gleich ausprobieren und ein bisschen damit herumfahren. Es gibt da wirklich oft günstige Schnäppchen. Meine Empfehlung an dich ist, schon zeitig in der Früh zu kommen und dir ein bisschen Zeit zu nehmen. Radbörsen sind eine sinnvolle Veranstaltung für Familien, um Geld zu sparen. Anmerkung: Auch für Erwachsene werden dort Fahrräder verkauft.

Garten

SPAR WASSER! DIE REGENTONNE HILFT DIR DABEI

Stell eine Regentonne auf und nimm dein Gießwasser von dort! Das war's – so simpel und so effektiv!

ZWEI FLIEGEN MIT EINER KLAPPE

Du kannst entweder einen Rasenmäher nutzen, der Strom oder Benzin verbraucht, oder du machst es anders. Du besorgst dir einen Rasenmäher, der händisch betrieben wird, also zwei Fliegen mit einer Klappe: Du sparst somit nicht nur Geld, sondern tust auch deinem Körper etwas Gutes, weil du beim Mähen gleich ein bisschen trainierst.

ZWIEBELSCHALEN WEITERVERWERTEN

Zwiebelschalen mit heißem Wasser übergießen, kalt werden lassen und zum Gießen nutzen ... da sind nämlich ganz viele Nährstoffe für deine Pflanzen drin.

MULCHEN

Unter „Mulchen" versteht man, den Boden zwischen den Pflanzen im Garten, wo Unkraut wachsen kann, mit Gras zu bedecken. Das Gras nehme ich vom Rasenmähen. Diese Variante der Unkrautverhinderung führe ich im Garten schon viele Jahre durch. Der Boden bleibt dadurch feuchter und trocknet nicht so stark aus. Unkraut kommt so viel weniger aus der Erde. Es ist wie eine „Pelzschicht", die den Boden bedeckt und schützt. Bei meinem Grasschnitt, den ich auflege, weiß ich auch, dass dieser nicht gedüngt ist. Ich verwende das geschnittene Gras deshalb auch zwischen Gemüsepflanzen.

BRENNNESSELJAUCHE – DA FREUEN SICH DIE NACHBARINNEN UND NACHBARN LEIDER NICHT

Dieser Tipp ist eine stinkende Angelegenheit – die Pflanzen lieben diesen Biodünger jedoch. In meinem Garten sind Brennnesseln sehr willkommen. Ich schneide diese klein, gebe sie mit Wasser in einen Kübel und lasse das Gemisch zwei Wochen lang stehen. Es entsteht ein strenger Geruch. Für diese Pflanzen ist die Jauche geeignet: Gurken, Kohl, Paradeiser, Zucchini. Nicht bei Bohnen, Erbsen, Zwiebeln, Obst und Blumen verwenden.

Gesundheit

SO SAGST DU DEM HUSTEN ADE

Das ist ein Geheimtipp einer Mutter mit drei Kindern: Ich habe da ein Geheimrezept, und zwar nehme ich eine Zwiebel, schäle und schneide sie, lege sie in ein Einsiedeglas, gebe ziemlich viel Rohrzucker darauf und dann brauche ich nichts mehr zu machen, denn die Zwiebel macht das selbst – sie lässt Saft. Und dieser Saft ist wirklich „heiliger Saft“, denn er lindert den Husten von Kindern. Zuerst wirst du sehen, dass deine Kinder den Saft nicht mögen. Aber wenn sie bemerken, dass dieser Saft dem Husten wirklich den Garaus macht, werden sie sogar danach fragen. **Achtung: Dieser Saft ersetzt nicht den Besuch beim Arzt!**

DIE MENSTRUATION – KEIN TABUTHEMA!

(Ein kleiner Exkurs für Männer in die Welt der Frau, also nicht ganz uninteressant zu wissen.) Diese Tage im Monat sind eine Zeit, in der du ziemlich gut sparen kannst. Ich habe jetzt mal den Rechenstift angesetzt und ich hoffe, die Berechnung passt:
Eine Frau hat ungefähr von zwölf bis 50 Jahren die Periode. Das sind 38 Jahre. Ich nehme jetzt mal an, man braucht ungefähr eine Packung Tampons pro Monat.
Eine Packung mit 42 Stück kostet derzeit (Stand: Juli 2022) 5,45 Euro. Man kann natürlich auch ein günstigeres Produkt kaufen. Wichtig wäre es, dass Staaten erkennen, dass es sich bei diesen Produkten nicht um Luxusprodukte handelt, und hier den Preis stützen, um Frauen die bestmögliche Qualität der Produkte zu ermöglichen. Ich nehme für meine Berechnung das Beispiel einer sehr beliebten und bekannten Marke.
Eine Frau hat also 38 Jahre lang die Periode und gibt dafür im Monat 5,45 Euro aus.
Aufgerundet sind das im Jahr 70 Euro.
In 38 Jahren kommt man somit auf einen Betrag von 2.660 Euro. Natürlich zieht man Schwangerschaften gegebenenfalls ab.
Was will ich damit sagen? Das ist einiges an Geld und man kann dabei gut sparen. Denn

es gibt hier eine wertvolle Alternative: die Menstruationstasse. Die kenne ich schon seit vielen Jahren, diese wird geliebt und auch nicht. Ich erzähl dir mal etwas darüber: Es gibt verschiedene Modelle dieser Menstruationstasse, die aus medizinischem Silikon besteht und die du acht Stunden lang in dir tragen kannst. Wenn du sie benutzt hast, leerst du das Blut ins WC und wäschst sie einfach ab. Ist deine Periode vorbei, kochst du die Menstruationstasse aus. Es gibt verschiedenste Modelle und eine Menstruationstasse, die ich gefunden habe, kostet z. B. 16,95 Euro. Diese kann laut Packungsbeilage bis zu zehn Jahre lang verwendet werden. Angenommen man kauft zur Sicherheit zwei Menstruationstassen, falls mal eine defekt wird, dann sind das 33,90 Euro Anschaffungskosten. Ich würde sagen, dass man sie alle fünf Jahre wechselt, wodurch man in 38 Jahren auf einen Betrag von 257,64 Euro kommt. In diesen 38 Jahren kannst du dir meinem Rechenbeispiel zufolge circa 2.000 Euro sparen, wenn du statt Tampons Menstruationstassen verwendest.

Die Menstruationstasse ist eine kostengünstige Alternative. Ein Thema, das oft missachtet wird, und deshalb sind hier schon viele Frauen frustriert. PMS, das Prämenstruelle Syndrom ist ein oft missachtetes Thema. Eine Freundin von mir schwört darauf, dass mit der Tasse PMS bei ihr gelindert wird. Vielleicht kann dir das ja auch helfen. Wichtige Info: Besprich bitte mit einer Frauenärztin/einem Frauenarzt, ob die Menstruationstasse für deinen Körper geeignet ist.

HATSCHI, HATSCHI, HATSCHI

Benützt du, wenn du Schnupfen hast, Stoff- oder Papiertaschentücher? Das ist jetzt wirklich eine Glaubensfrage. Wenn du Stofftaschentücher magst oder jetzt daran denkst, welche zu verwenden, dann kannst du diese aus alten Blusen oder alten Hemden machen, die du z. B. auch von Verwandten oder Bekannten sammelst. Ich stelle so schon ewig meine eigenen Stofftaschentücher her. Zusätzlich habe ich mir auch zwei Sackerl genäht. In einem Sackerl sind die frischen Taschentücher drin und im anderen die gebrauchten, die dann regelmäßig in der Waschmaschine gewaschen werden. Eine Glaubensfrage, wie schon gesagt.

VERBRENNUNGEN „WEGZWIEBELN“

Ich habe mich einmal fürchterlich an der Hand verbrannt und dann gleich mein Zaubermittel eingesetzt. Wenn du dich z. B. so wie ich beim Backen verbrennst, schneide eine Zwiebel in zwei Hälften, drücke sie ein bisschen aus und lege sie auf die verbrannte Stelle. Der Schmerz geht sofort weg und du wirst auch danach keine Schmerzen haben. Außerdem ist die Stelle in kurzer Zeit wieder verheilt. Bei meiner etwas stärkeren Verbrennung habe ich es nach der ersten Zwiebelbehandlung, wie oben beschrieben, sogar zusätzlich so gemacht, dass ich Zwiebelscheiben auf die verbrannte Stelle aufgelegt und einen Verband darum gewickelt habe. Natürlich – **ACHTUNG – Zwiebeln ersetzen keine Ärztin und keinen Arzt!** Wenn du eine ganz schwere

Verbrennung hast, geh bitte schnell zu einer Ärztin oder zu einem Arzt. Info am Rande: Zwiebeln helfen auch bei Bienenstichen.

RAUCHEN ADE – DAS TUT DEM GELDBÖRSL NICHT WEH

Ja, liebe Raucherin und lieber Raucher, du wirst mich jetzt vielleicht nicht besonders leiden können, ich habe da nämlich eine „schöne" Berechnung für dich:
Ein Zigarettenpäckchen kostet circa 7 Euro. Ich rechne mal mit einem Packerl pro Tag, dann sind das in einem Monat 210 Euro und in einem ganzen Jahr 2.520 Euro. Wenn du zwei Packerl rauchst, sind das schon … puh … na ja, das ist wirklich ziemlich viel Geld.
Eine saubere Lunge gibt es noch dazu, wenn du aufhörst. Ich habe jetzt gegoogelt und einen Raucherentwöhnungskurs gefunden, dieser kostet circa 390 Euro.

Positiver Faktencheck: Es dauert zwölf Stunden, bis der Kohlenmonoxidspiegel im Blut wieder die Normalwerte erreicht, sodass alle Organe optimal mit Sauerstoff versorgt werden können. Nach zwei Wochen bis drei Monaten verbessern sich die Durchblutung sowie die Lungenfunktion. Nach einem bis neun Monaten gehen die Hustenanfälle und die Kurzatmigkeit zurück. Außerdem ist das Risiko für Herzkrankheiten dann nur noch halb so hoch wie das einer Raucherin oder eines Rauchers und nach zwei bis fünf Jahren sinkt das Herzinfarktrisiko deutlich. Es entspricht nun dem einer Nichtraucherin und eines Nichtrauchers. Der Zustand des Geldbörsls verzeichnet schon ab dem ersten

Tag des nicht mehr Rauchens ein großes Plus. Es kommt natürlich immer auch darauf an, wie lange man geraucht hat. Also, Rauchen ade, Gesundheit und Sparen juchhe![9]

Kochen

WARMHALTEN

Wenn ich Speisen in Töpfen warmhalten möchte, dann lasse ich sie nicht auf kleiner Flamme am Ofen stehen, sondern nehme sie vom Ofen weg und wickle ein Handtuch herum. Oder du strickst eine Mütze aus Wollresten und setzt sie dem Topf auf.

---

9 https://www.netdoktor.at/rauchen/gesundheitliche-folgen/

JEDER TOPF BRAUCHT SEINEN DECKEL

Ist ein Deckel auf dem Topf, wird alles schneller fertig.

UNERSETZLICH IN DER KÜCHE

Für mich ist ein Wasserkocher in der Küche unersetzlich. Das Wasser wird sehr schnell heiß und du kannst beispielsweise deinen Tee rascher genießen.
Außerdem verbraucht ein Wasserkocher weniger Strom als eine Mikrowelle oder eine Ofenplatte. Ich nütze ihn für alles: heißes Wasser für einen Thermophor, schnell gekochtes Wasser für Suppen ... eine coole Sache!

KÜRBIS – DA LASSE ICH NUR DEN STÄNGEL ÜBRIG

Ich liebe Hokkaido-Kürbisse, denn die muss man nicht schälen. Da bin ich ein bisschen faul. Ich entnehme den Kürbissen – egal, ob dem Hokkaido-Kürbis oder anderen Kürbisarten – die Kerne und lasse sie trocknen. Dann röste ich sie zum Knabbern oder ziehe sie zu neuen Kürbissen heran.

MILAREPA (DICHTER)

„Wenn man alles, was einem begegnet, als Möglichkeit zu innerem Wachstum ansieht, gewinnt man innere Stärke.“

KIRSCHEN – ICH VERWERTE FAST ALLES

Du liebst Kirschen und isst sie mit Genuss? Ich auch! Ich sammle die Kerne der Kirschen, wasche und trockne sie. Dann nähe ich sie in einen Beutel ein. Aufgewärmt – z. B. ins Backrohr gelegt und erwärmt – sind diese Kirschkernkissen wunderbar, wenn man Bauchweh hat. Bietet sich auch als sehr beliebtes Geschenk an.

DAS „KOCHGEWAND“ – EINFACH PRAKTISCH

Ich bin zwar keine professionelle Köchin, aber ich habe trotzdem mein eigenes Kochgewand.
Weil ich Kochen liebe, koche ich nahezu jeden Tag selbst. Dabei verwende ich sehr viele Gewürze, die natürlich einen gewissen Geruch „versprühen“. Dieser setzt sich auch in meinem Gewand fest. Deshalb bin ich dazu übergegangen, mir beim Kochen ein eigenes Kochgewand anzuziehen. Das ist ein ganz normales Kleid. So rieche ich am Nachmittag nicht nach meinem Mittagessen. Das ist für mich echt eine klasse Sache. Das Kochgewand wasche ich natürlich nicht jeden Tag, sondern nur alle drei bis vier Tage. Wie spare ich hier? Na ja, meine Kleider wasche ich nicht jeden Tag, ich lüfte diese am offenen Fenster. Mit dem Kochduft in meiner Tageskleidung müsste ich mein Gewand täglich waschen.

HEUTE HAT ER GEPFIFFEN – ZUM ERSTEN MAL

Echt! Als mein Druckkochtopf zum ersten Mal pfiff, war das Pfeifen ein Geräusch, was ich bisher noch nicht kannte. Viele Menschen fürchten sich davor, mit einem sogenannten Druck- oder Schnellkochtopf zu kochen. Für mich ist er aber zu meinem Lieblingsgerät in der Küche geworden. Ich möchte ihn nicht mehr missen! Das Kochen funktioniert so einfach: Egal, ob Erdäpfel oder rote Rüben – alles, was du kochen kannst, bereitest du im Druckkochtopf viel schneller zu. Du sparst dadurch auch Energie und somit Kosten. Trau dich darüber, vertrau mir.

ZELLER, ZUCCHINI, KAROTTEN

Ich wasche Zeller, Zucchini sowie Karotten gut und schäle sie. Die Gemüseschalen lasse ich dann in Wasser ziemlich lang kochen und verarbeite sie so zu einem köstlichen Fond für eine Gemüsesuppe. Man braucht dadurch viel weniger Suppenwürze oder Suppenwürfel. Der Sud in Gläser gefüllt, wenn er abgekühlt ist, kann gut einige Tage lang im Kühlschrank aufbewahrt werden. Oder du gibst den Fond in Eiswürfelformen und ab damit ins Gefrierfach. Hält so noch länger.

SUPPENWÜRFEL – GANZ LEICHT ZU ERSETZEN

Zeller, Lauch, Karotten, Petersilie, Petersilienwurzel und Salz – das ist alles, was du an Zutaten brauchst, und dann benötigst du nur noch eine Küchenmaschine. Diese hilft dir, das Gemüse nach dem Waschen und Schälen zu zerkleinern. Das Salz führt dazu, dass deine Suppenwürze länger haltbar ist. Du füllst sie in Gläser und sie kann einige Monate im Kühlschrank stehen.

Auf 100 g Gemüse kommen 20 g Salz. Das war's!
Es gibt aber auch ganz viele Rezepte im Internet.

VORKOCHEN, MITNEHMEN UND WISSEN, WAS DRIN IST

Wie bereits erwähnt, hat mir eine wunderbare Köchin mal gesagt: „Kochen ist wie Alchemie." Beim Kochen verwandelt man Zutaten nämlich in gutes Essen und die Köchin oder der Koch gibt auch noch ihre oder seine Energie dazu. Wenn du also in der Mittagspause jeden Tag schnell ein Weckerl hinunterschlingst, ist das für deinen Körper sicherlich nicht so bekömmlich wie dein eigenes Essen, das du zu Hause zubereitest und dann als Snack mitnimmst. Wenn du in ein Restaurant gehst, weißt du im Normalfall nicht wirklich, wie die Köchin oder der Koch bei der Zubereitung deines Gerichts gelaunt war. Daher lautet mein Tipp: Vorkochen und mitnehmen! Du kochst also vor und nimmst dein hochwertiges, selbst gekochtes und garantiert leckeres Essen mit in die Arbeit, auf den Ausflug oder in den Zug – überallhin, wo du willst.

EIN TOPF PRO GERICHT

Wenn man für ein Gericht nur einen Topf verwendet, was kocht man dann? Einen EINtopf!
Also einmal in der Woche kann man schon einen Eintopf kochen. Gemüse deiner Wahl, rote Linsen, ein paar Kartoffeln, Öl und vielleicht auch etwas Suppengrün hineingeben, kochen lassen und schon ist ein leckerer Eintopf fertig. Abschließend noch Kräuter dazu. Ist schmackhaft, nährt und du brauchst nicht viel Geschirr.

REZEPT FÜR EINEN EINTOPF MIT LINSEN
(FÜR 4 PERSONEN)
Zutaten:
50 g rote Linsen (sind schnellkochend), 1 Knoblauchzehe, 1 cm Stück Ingwer, 1 große Zwiebel, 250 g Karotten, 250 g Kartoffeln, 1 Zucchini, 1 EL Öl, 600 ml Gemüsebrühe, 1 Zitrone oder Limette, auf Wunsch Kokosmilch (250 ml), Salz, Pfeffer

Zubereitung:
Gemüse waschen; Linsen ebenfalls gut waschen, Knoblauch pressen (gepresst besser verträglich für den Menschen), Ingwer schälen und klein schneiden, Zwiebel klein schneiden, Kartoffeln und Karotten schälen und in Würfel (einen Zentimeter) schneiden, Zucchini ebenfalls in Würfel schneiden. In einem Topf das Öl erhitzen, Zwiebel und Ingwer anbraten, glasig anschwitzen. Alle Zutaten außer die Zucchini dazugeben. Zehn Minuten dünsten lassen. Dann etwas Zitronensaft dazugeben, nun die Linsen in den

Topf geben und alles mit der Gemüsebrühe aufgießen. 15 Minuten garen lassen. Danach die Zucchini dazugeben. Kokosmilch dazugießen. Weitere fünf Minuten köcheln lassen. Mit Salz und Pfeffer würzen.

EINFACHE ERBSENSUPPE (FÜR 2 PERSONEN)
Zutaten:
1 kleine Packung Tiefkühlerbsen, 2 EL Öl, 1 Zwiebel, 1 EL Gemüsepaste oder 1 Suppenwürfel, 500 ml Wasser
Zubereitung:
Zwiebel putzen und schneiden und glasig im Öl anschwitzen. Gemüsepaste bzw. Suppenwürfel dazugeben, mit 500 ml Wasser aufgießen, köcheln lassen.
15 Minuten auf kleiner Stufe kochen. Fertig.

FERTIGGERICHTE NICHT FÜR MICH!

Fühlt sich fast an wie ein Protest gegen Fertiggerichte. Es ist ein Aufruf, selbst zu kochen und so Geld zu sparen. Ich habe die Angewohnheit, immer durch den Supermarkt zu gehen und zu schauen, wie viele noch nicht verarbeitete Lebensmittel man heute tatsächlich noch kaufen kann.

Also z. B. bei den Kühlvitrinen. Da hatte ich mal ein ganz eigenartiges Erlebnis. Ich wollte Erbsen für eine Erbsensuppe kaufen und habe keine gefunden. Früher, als meine Kinder noch klein waren, hat es in den Kühlvitrinen meterweise unverarbeitetes Gemüse gegeben. Jetzt wird das fast nicht mehr angeboten. Es gibt nur einen ganz kleinen Bereich Gemüse und sonst nur Fertiggerichte. Ich plädiere dafür, selbst zu kochen und die Fertiggerichte fertig sein zu lassen.

SUPPEN SELBST KOCHEN

Eine wahre Geschichte: Da war einmal eine von mir sehr geschätzte Mitarbeiterin (selbstverständlich schätze ich alle meine Mitarbeiterinnen und Mitarbeiter), die sich an diesem Tag nicht wohlfühlte. Deshalb ging sie früher nach Hause. Ich riet ihr: „Koch dir doch eine gute Suppe!“ Am nächsten Tag fragte ich sie: „Welche Suppe hast du dir denn gekocht?“ Sie meinte: „Eine Kürbissuppe.“ Etwas verwundert sagte ich: „Aber jetzt ist doch gar keine Kürbiszeit!“, woraufhin sie erwiderte: „Ich habe mir ja auch eine Packerlsuppe gemacht.“
Ich plädiere für das Selbstkochen von Suppen, denn es ist so einfach: Öl, Zwiebel, deine Suppenwürze sowie das Gemüse deiner Wahl – z. B. Karotten oder eben Kürbis – und wenn du Lust hast, noch ein paar rote Linsen oder alternativ eine kleine Kartoffel. Zwiebel anschwitzen, Gemüse dazu und dann lässt du das Ganze leicht köcheln – nicht verkochen, denn sonst gehen die Vitamine verloren[10] – und dann nimmst du einen Pürierstab, mein zweitliebstes Küchengerät. Meine Nummer eins ist und bleibt, wie zuvor erwähnt, mein Druckkochtopf. Mit diesem Stab pürierst du jetzt alles. Bei mir sind sehr viele Suppen püriert, weil's aus meiner Sicht so viel einfacher ist. Die Suppe ist im Nu fertig. Eine Packerlsuppe ist natürlich noch schneller gemacht,

10 https://www.faz.net/asv/best-ager-gesund-schoen/vitaminschonend-kochen-und-zubereiten-14486948.html

aber ich denke, eine eigene Suppe am eigenen Ofen ist eine schöne und leckere Sache.
Zusatz: vier Karotten 0,34 Euro, ein Suppenwürfel 0,16 Euro, eine Zwiebel 0,17 Euro. Eine Suppe für vier Personen kostet somit 0,67 Euro. Ist noch immer günstiger als eine Packerlsuppe. Hier kosten vier Teller 0,99 Euro. Schau mal, was dir besser schmeckt.

FÜR MICH IST DAS KEIN UNKRAUT

Ich liebe Löwenzahn. Sobald der Frühling kommt, gehe ich hinaus auf die Wiesen und Felder und sammle Löwenzahnblätter oder auch Brennnesselknospen. Daraus bereite ich dann einen herrlichen Salat zu. Die Kinder haben mir früher immer gern beim Sammeln und Zubereiten geholfen. Dieser Löwenzahnsalat kann genauso wie jeder andere Salat zubereitet werden. Ein Vorteil des Löwenzahnsalats ist, dass er die Leber entgiftet. Zugegeben - ein bisschen bitter ist er schon.

EINE LUSTIGE SACHE - LASS IHN WIEDER WACHSEN!

Und zwar den Lauch. Wenn du ihn nicht ganz abschneidest und an einem kleinen Stückchen die Wurzeln dranlässt, kannst du ihn wieder in die Erde setzen, z. B. auch einfach in einen Joghurtbecher, den du aufs Fensterbrett stellst. Dann kannst du deinem Lauch wieder beim Wachsen zusehen und ihn nochmals in der Küche verarbeiten.

KÜSS MICH WACH, SAGT DER WELKE SALAT

Statt leicht verwelkten Salat zu küssen, lege ich ihn in eine Schüssel mit Wasser ein. Der Salat, der alles hängen ließ, wird so schnell wieder zum Leben erweckt. Das Wasser verwende ich dann dafür, um die Blumen zu gießen.

EINE GUTE INVESTITION

Vor dreißig Jahren habe ich in ein sehr gutes Kochgeschirr investiert. Damals war das sehr, sehr kostspielig. Ich habe das Geschirr aber noch immer und denke, wenn ich in den Töpfen nichts ganz fürchterlich anbrennen lasse, werde ich dieses Geschirr bis an mein Lebensende besitzen. Es schaut nach wie vor wie neu aus und ich liebe es einfach. Da habe ich nicht gespart!
Oder doch? Denn ich habe einmalig gut gekauft, statt öfter mein Geschirr gewechselt.

Kraftplatz

KONZENTRIERE DICH AUF DEIN HERZ!

Du nimmst auf einem Sessel Platz – Mobiltelefon ausgeschaltet, Timer auf zehn Minuten gestellt – und schließt deine Augen. Du beobachtest zuerst deinen Atem und dann konzentrierst du dich auf die Stelle in deinem Körper, an der dein Herz schlägt. Vielleicht siehst du auch eine Farbe ... Grün? Oder vielleicht Rosa? Du fühlst dein Herz. Du konzentrierst dich darauf und versuchst, dein Herz nun mit Freude zu füllen. Atmen nicht vergessen! Ziehe deine Mundwinkeln zu einem Lächeln nach oben. Du wirst vielleicht feststellen, dass du nun ruhiger und friedvoller wirst.

Kosmetik

FRISEURBESUCHE – KOSTEN REDUZIEREN

Also, ich bin ja jemand, der nicht gern zur Friseurin oder zum Friseur geht. Ich weiß, dass es aber viele Menschen gibt, die diesen Besuch als Entspannung sehen.

Vier Möglichkeiten, wie du bei deinen Haaren Geld sparen kannst:

1. Versuche dir selbst die Haare zu schneiden.
   Schon probiert? Nicht gut? Okay – Thema abgehakt!
2. Haarschneidemaschinen für Männer mit kurzen Haaren. Das geht! Obwohl ich gestehen muss, dass

ich einem Freund die Haare am Hinterkopf einmal so kurz geschnitten habe, dass mir in der Sekunde die Schweißperlen aufgestiegen sind, als ich die kahle Stelle sah. Aber gut, das ist eine andere Sache.
3. Frag deine Friseurin oder deinen Friseur, ob es günstiger ist, wenn dir das Lehrmädchen oder der Lehrbub die Haare schneidet, wenn du dich das traust.
4. Du kannst außerdem nachfragen, ob du weniger zahlst, wenn du dir die Haare selbst föhnst oder bereits mit gewaschenen Haaren in den Friseursalon kommst.

RASIERHOBEL

Ich habe so ein Faible: Ich rasiere mir jeden Tag die Beine. Meine Tochter hat mich nun auf etwas ganz Tolles gebracht. Und zwar geht's um den Rasierhobel. Anders als beim Einwegrasierer steckst du bei diesem Hobel die Rasierklingen selbst hinein und kannst sie deshalb auch beliebig oft wechseln. Einen Rasierhobel hast du somit ewig. Das gute Stück spart dir Geld und schont gleichzeitig die Umwelt.

„HOBELST" DU ETWA SCHON?

Aha, du „hobelst" also schon, verwendest bereits den oben beschriebenen Rasierhobel, dann habe ich für dich noch ein paar nützliche Tipps parat, und zwar dafür, wie deine Klingen länger halten:

1. Die Haare, die du wegrasieren willst, solltest du vorher immer weich machen. Ich verwende dazu Schafmilchseife.
2. Wie kann man eine Klinge wieder scharf machen? Man reibt sie an einer alten Jeans.
3. Nimm die Klinge nach dem Rasieren aus dem Hobel, putze sie, trockne sie ab und öle sie zum Beispiel mit Babyöl ein.

BEIM ABSCHMINKEN SPAREN

Ich schminke meine Augen täglich mit Wimperntusche. Das mag ich und darauf will ich auch nicht verzichten. Nun habe ich wieder mal zum Rechenstift gegriffen:
100 Stück Wattepads kosten 2,90 Euro. Ich rechne mit vier Packungen im Jahr. Das ist auf den ersten Blick nicht so viel, nämlich „nur“ 8,76 Euro. Angenommen man wird z. B. 80 Jahre alt und ist sich ab dem Alter von
20 Jahren auch der Wichtigkeit des Abschminkens bewusst, dann schminkt man sich in diesen 60 Jahren insgesamt um 525,60 Euro ab. Das ist zwar nicht so viel Geld, aber wenn ich mir denke … und hier folgt nun schon wieder eine meiner geliebten Berechnungen:

In Österreich leben circa neun Millionen Menschen, wobei ungefähr 7,4 Millionen zwischen 19 und 95 Jahren alt sind. In dieser Gruppe sind wahrscheinlich mehr Frauen als Männer. Das ist hier nur eine Überlegung und da ich keine Statistikarbeit schreibe, nehme ich davon mal die Hälfte und das sind 3,7 Millionen Frauen.

Wenn nur fünf Prozent dieser Frauen täglich ein Wattepad verwenden, sind das 185.000 Wattepads am Tag. Das wären dann 1.850 Wattepadspackungen mit jeweils 100 Stück. Ganz schön viel Müll und Geld!

Es gibt aber gute Alternativen:
Wattepads kann man z. B. durch alte Handtücher, die man einfach zu kleinen Fetzerln schneidet oder näht, ersetzen. Außerdem gibt es spezielle Abschminkschwämme, die sehr lange halten, wenn man sie gut behandelt und immer wieder auswäscht. Ich selbst brauche zum Abschminken gar nichts, obwohl ich wie erwähnt täglich meine Wimpern schminke. Ich habe einfach ein gutes Waschgel aus der Apotheke, mit dem ich mein Gesicht und auch meine Augen direkt mit den Fingern wasche. Die Wimperntusche ist damit schnell weg.

WC-PAPIER – MACH DEN TEST!

Nachdem in den Corona-Lockdowns ganz viel über WC-Papier geschrieben worden ist, habe ich verschiedene Sorten ausprobiert. Es gibt natürlich teurere und günstigere und ich habe mal die günstigeren Angebote getestet. Kein Unterschied zu teurem Papier! In ganz schwierigen Zeiten bietet sich eine Pflanze als Ersatz von WC-Papier an. Diese kann in jedem Garten angebaut werden. Es ist der Wollziest. Er hat wollig weiche Blätter.

WIMPERNTUSCHE – DER TRICK

Liebst du Wimperntusche genauso sehr wie ich? Wird sie bei dir auch manchmal fest und glaubst du dann, du kannst sie nicht mehr verwenden? Falls du einen Augen-Make-up-Entferner zu Hause hast, füllst du ein wenig davon in die Wimperntusche. Dasselbe Spiel funktioniert auch beim Nagellack, nur eben mit Nagellackentferner. Wenn sich dein Nagellack also „verjüngen“ soll, dann gibst du einfach ein bisschen Nagellackentferner ins Fläschchen, denn dieser macht stockenden und dickflüssigen Nagellack gleich wieder gut auftragbar.

BADEST DU GERN?

Du badest ab und zu gern und möchtest einen netten Badezusatz, der nichts kostet? Na ja, wenn du Teebeutel verwendest oder Tee in Teesieben, dann leg den Tee später doch einfach auf, lass ihn trocknen und wenn er trocken ist, füll ihn in einen Beutel. Diesen legst du anschließend in deine Badewanne.
Tipp: Ein Vollbad kann auch mit nur halber Wassermenge gut sein. Ich habe das früher jahrelang so praktiziert.

DUSCHEN IM VERGLEICH ZUM BADEN

Jahrelang habe ich mich bei einem Vollbad entspannt. Doch ich habe mich verändert und jetzt gibt es in der Wohnung keine Badewanne. Ich entschied mich ganz bewusst dagegen. Warum? Hier meine Berechnung: Man braucht 150 Liter für ein Vollbad und 50 Liter für eine sparsame Dusche. Mehr braucht man nicht zu rechnen. Oder?

TUBEN UND FLASCHEN BIS ZUM LETZTEN TROPFEN

Tuben und Flaschen rolle ich ein, drücke sie aus und dann schneide ich sie auch noch auf, damit ich wirklich bis zum letzten Tropfen alles rausbekomme. Mit der Zeit wird man jedoch nicht mehr so viele Tuben und Flaschen verwenden. Wie in diesem Buch beschrieben, gibt es viele Alternativen dazu.

KEIN DUSCHGEL MEHR, SONDERN SEIFE

Man könnte Duschgel mit Wasser strecken, um nicht nur wesentlich mehr, sondern auch den letzten Rest aus der Flasche zu holen. Ich persönlich nehme allerdings von vornherein Seife, und zwar meine geliebte Schafmilchseife. Diese verträgt wirklich jede noch so empfindliche Haut und so spare ich außerdem Plastik. Hoppla, jetzt hätte ich mich fast verschrieben. Ich wollte nämlich gerade SchafMILD-seife schreiben statt SchafMILCHseife, quasi ein freud'scher Verschreiber. Für mich ist sie aber wirklich eine sehr milde Seife, die jede Haut verträgt.

FEUCHTTÜCHER SIND DRECK VON MORGEN

Ich habe einen sehr guten Freund, dessen Toilette immer wieder mal verstopft war. Er hat sich lange gefragt, warum, und ist dann draufgekommen: Er hat Feuchttücher verwendet und sie in die Toilette geworfen. Somit sind diese Feuchttücher wirklich zum Dreck von morgen geworden. Wenn du Feuchttücher verwenden musst, denke daran, dass sie die Abflüsse verstopfen. Gib diese in den Abfall und nicht in die Toilette.

PEELING

Gekauftes Peeling oder lieber selbst gemachtes?
Peeling stellst du selbst her:
500 g Meersalz kann man ab 2,49 Euro beziehen.
Natürlich gibt's auch fertiges, speziell für Peelings schon aufbereitetes Salz, aber warum nicht auf den 500-g-Beutel zurückgreifen?

Achtung! Wenn du sehr, sehr trockene und sensible Haut hast, dann würde ich aufpassen, auch bei der Wahl der ätherischen Öle. DEIN eigenes Peeling ist auf jeden Fall eine gute Alternative zu sämtlichen teuren Peelings, die du kaufen kannst – die kochen nämlich auch nur mit Wasser bzw. mit Salz.
Bitte unbedingt das Peeling vorher auf einem kleinen Bereich deiner Haut ausprobieren.

REZEPT FÜR PEELING MIT TOPFEN (Mischhaut)
1 TL Zitronensaft, 3 EL Topfen, 1 EL Zucker (brauner Zucker), 1 TL Honig, alle Zutaten vermischen. Die Haut vorher reinigen und dann die Paste auf die Haut auftragen.

Nun mit kreisenden Bewegungen gut einmassieren. Danach mit lauwarmem Wasser abspülen.

REZEPT FÜR PEELING MIT HONIG (zum Entspannen der Haut für alle Hauttypen)
2 Teile Honig, 1 Teil Salz
Honig leicht erwärmen, mit Salz vermischen und mit kreisenden Bewegungen auf die gereinigte Haut auftragen.
Mit warmem Wasser abspülen.
Sei jedoch bei zu Trockenheit neigender Haut vorsichtig.

Kraftplatz

MEHR GELASSENHEIT!
Hätte davon gern mehr – von der Gelassenheit!
Leicht abgeändertes Gelassenheitsgebet vom US-amerikanischen Theologen Niebuhr:
„Gib mir die Gelassenheit, Dinge hinzunehmen, die ich nicht ändern kann,
den Mut, Dinge zu ändern, die ich ändern kann, und die Weisheit, das eine vom anderen zu unterscheiden."

Wenn wir das hinbekommen, ist das Leben viel leichter.

WARMDUSCHERIN? WARMDUSCHER?

Hier eine Kleinigkeit, die sich jedoch finanziell auswirkt. Ich habe ja schon erzählt, dass ich von der „Langbaderin" zur „Warmduscherin" geworden bin. Da gibt's aber noch eine Steigerung: Dusche aufdrehen, den Körper mit Wasser nass machen, Dusche abdrehen, einseifen, warm abduschen.
Und nun die Steigerung, die dir hilft, noch mehr zu sparen: Versuche zum Abschluss noch einen Schuss kaltes Wasser

über den Körper rinnen zu lassen. Und diese Kaltdusch-phase dann immer länger werden zu lassen – bis du letztendlich zur Kaltduscherin bzw. zum Kaltduscher wirst. EXTRATIPP für ganz Schlaue: Falls du in einem Fitnessstudio eingeschrieben bist, dann dusche doch einfach dort und spar dir so die Warmwasserkosten.

ZWEI FLIEGEN MIT EINER KLAPPE

Wenn du es schaffst, deine Haare nicht zu föhnen, sparst du an zwei Stellen: Zum einen sparst du Stromkosten und zum anderen auch noch das Geld für häufige Friseurbesuche, da du weniger Spliss bekommst. Föhnen strapaziert die Haare auf jeden Fall.

ZAHNPASTA – QUETSCH, QUETSCH!

Wenn du deine Zahnpasta wirklich bis zum letzten Tropfen verbrauchen möchtest, dann kannst du dir einen sogenannten Tubenausquetscher kaufen. Das billigste Modell kostet laut meiner Recherche nur einen Euro pro Stück. Natürlich kommen da noch die Versandkosten dazu. Aktiviere also deine Freundinnen und Freunde, erzähle ihnen vom Tubenausquetscher und teilt euch die Versandkosten! Oder noch kostensparender: Du nimmst eine Flasche und walzt sie über die Tube. Ich denke aber, dass dieser Tubenausquetscher schon etwas ganz Schönes ist.

Leben

DRUM PRÜFE, WER SICH EWIG BINDET ...

... ob sich nicht was Bess'res findet! So lautet ein bekanntes Sprichwort. Ich denke hier an deine Bankkonditionen und vor allem an Versicherungen. Einmal im Jahr lohnt es sich wirklich, seine Versicherungen genau zu überprüfen. Achte darauf, ob du günstige Versicherungen hast. Stell dir die Frage, ob du alle Versicherungen tatsächlich benötigst. Versicherungen arbeiten ausschließlich mit unseren Ängsten. Natürlich ist die Haushaltsversicherung nötig. Gewöhne dir an, diesen Check immer im gleichen Monat

durchzuführen. Z. B. im Jänner, so vergisst du im nächsten Jahr sicher nicht darauf.
Der Tipp ist, einfach immer ein Auge darauf zu haben, ob noch alles am aktuellen Stand ist, und vor allem, ob in der Versicherung eventuell Sachen enthalten sind, die man gar nicht braucht.

Kraftplatz

WENN DU PERPLEX BIST

Hat es in deinem Leben vielleicht schon Situationen gegeben, in denen du einfach total schockiert darüber warst, wie respektlos jemand mit dir umgegangen ist? Oder welche unfreundliche Antwort dir jemand gegeben hat oder wie herablassend du behandelt wurdest?
Ich habe da einen sehr schönen Satz von einem bekannten Coaching-Trainer kennengelernt; diesen kannst du in solchen Situationen, wenn du möchtest, einsetzen. Und zwar sag einfach folgenden Satz: „Ein Esel, der nach Paris geht, wird noch lange kein Pferd.“ Dein Gegenüber hat sicher keine Ahnung, was das heißt ... du auch nicht! Der Satz ergibt keinen Sinn. Dein Gegenüber fragt dann wahrscheinlich: „Was meinst du damit?“ Du antwortest: „Denk einfach darüber nach, du wirst schon draufkommen!“ So hebelst du dein Gegenüber aus, denn jetzt wird diese Person sicher über einen Esel in Paris nachdenken.[10] EXTRATIPP: Du hast auch die Möglichkeit deinen ganz eigenen Satz für solche Situationen zu erfinden. Wichtig dabei ist, dass der Satz einfach keinen Sinn ergibt. Werde kreativ.

---

10 www.karriereberater-akademie.de

LERNE LEUTE KENNEN UND VERDIENE GELD DAMIT!

Hast du ein freies Zimmer in deiner Wohnung oder in deinem Haus? Oder bist du sogar öfter einmal übers Wochenende weg? Dann lass doch jemand anderen in deinem Zuhause wohnen und finanziere so einen Teil deines Wochenendurlaubes.

SO WAR'S FRÜHER

... und jetzt ist's anders. Das kam so: Vor rund zwölf Jahren war ein ganz starker Winter und ich gestehe, ich bin vor diesem strengen Winter wirklich immer zu all meinen Besprechungen mit dem Auto nach Wien gefahren. Na hallo – ehrlich sein –, nicht nur nach Wien, sondern auch nach Salzburg, München, Villach, Graz. Während dieses starken Winters war die Autobahn an einem Tag im Dezember nicht befahrbar. Daher musste ich dann – ja, ich sage wirklich MUSSTE – auf den Zug umsteigen. Ich habe mich überhaupt nicht ausgekannt. Wann fährt ein Zug? Wie ist das mit den Verbindungen? Welches Ticket brauche ich? Fragen über Fragen! Aber gut, dann hab ich's gelernt. Ich bin auf den Zug um bzw. in den Zug eingestiegen und seither quasi nicht mehr ausgestiegen. Seit diesem strengen Winter fahre ich immer mit dem Zug. Nun die Frage an dich: Weißt du, wie viel dich dein Auto wirklich kostet? Oder berechnest du nur die Kosten vom Benzin? Tatsächliche Kostenwahrheit bringt dir die Berechnung der gefahrenen Kilometer mit dem gesetzlich vorgeschriebenen km-Geld.

SCHLAFZIMMER IMMER KÜHL

Du schläfst besser, wenn du die Heizung in deinem Schlafzimmer deutlich reduzierst. Wenn es dir zu kalt ist, dann leg dir eine Wärmflasche ins Bett! Vor vielen Jahren habe ich im Jänner meinen Urlaub in Indien verbracht. Dort, wo ich war, war's ziemlich kalt und da gab's keine Heizung. Ich habe beim Schlafen alles angezogen, was mir an Gewand zur Verfügung gestanden ist, und zusätzlich hatte ich einen Ziegelstein, der erhitzt worden ist, im Bett. Mit meiner Haube am Kopf, meinen Handschuhen und meinen dicken Socken war der Schlaf wunderbar und erfroren bin ich definitiv nicht. Soll heißen: Wir in Europa sind schon ziemlich verweichlicht. Reduziere also die Heizung in deinem Schlafzimmer und du wirst sehen, dein Schlaf wird ruhig und angenehm sein und deine Heizkosten werden geringer ausfallen.

WIE AM BAUERNHOF

Ich wohne in einer Wohnung mit einem Gang und drei Zimmern. Ich lache immer und sage, dass es dort wie am Bauernhof der Großeltern meiner Kinder ist. Dort ist nämlich nur das Zimmer beheizt, in dem „gelebt", also gewohnt und gegessen wird. Alle anderen Räume sind kalt. So handhabe ich das auch in meiner Wohnung im Winter. Der Gang ist kalt, das Schlafzimmer ist kalt, nur im Wohn- und Essbereich ist es warm, aber auch nicht zu warm. Auf diese Weise kann man die Heizkosten recht drastisch reduzieren und so Geld sparen.

WERBUNG? NEIN DANKE!

Wie erwähnt, bin ich seit 30 Jahren in der Werbebranche tätig. Ich liebe Marketing, aber trotzdem sage ich: „Werbung? Nein danke!“, wenn Papiermüll, den ich nicht brauche, in Form von Angeboten im Postkastl landet. Auf meinem Briefkasten klebt ein Sticker mit der Aufschrift: „Bitte keine Werbung!“ Die Sonderangebote der Geschäfte, in denen du gern einkaufen gehst, findest du auch im Internet. Was du dadurch sparst? Deine Zeit fürs Entsorgen und der Welt unnötigen Papiermüll.

ES HAT SCHON ÜBERHANDGENOMMEN – „NEHMEN SIE MICH BITTE AUS DER DATEI!“

Es ist echt unglaublich, wie viele Newsletter man bekommt, die man nicht will. Wenn man etwas bestellt, wird die Adresse sehr oft an Partnerunternehmen verkauft. Man hat das ziemlich sicher auch mit einem Hakerl bestätigt, aber das Kleingedruckte wohl nicht gelesen. Dann macht man große Augen, wenn man plötzlich von irgendeinem Unternehmen einen Katalog bekommt und nicht weiß, woher diese Firma die eigene Adresse hat.
Ich gehe regelmäßig so vor: Ich sende einen eingeschriebenen Brief an das Unternehmen und frage, woher es meine Adresse hat. Sobald ich weiß, welche Firma meine Adresse weiterverkauft hat, ist dieses Unternehmen für mich tabu. Du kannst das natürlich auch per E-Mail mit Lese- und Empfangsbestätigung (ganz wichtig) erledigen und dann bekommst du keine Sachen mehr, die dir einfach

nur Arbeit (Papierentsorgung) bereiten. Zeit ist auch Geld und deine Zeit ist wertvoll!

BROTSACKERL – ICH VERWENDE ALLES WIEDER

Wenn ich Brot einkaufen gehe, wird das Brot in der Bäckerei üblicherweise in ein Papiersackerl gegeben. Dieses falte ich dann schön zusammen und hebe es auf. Z. B. verwende ich es bei einer Zugreise als Brotsackerl für meine Jause einfach nochmals. Sei also kreativ und verwende alles mehrmals!

ELEKTROGERÄTE

Manchmal braucht man ein Gerät einfach nicht mehr. Wenn man bewusster lebt, dann nutzt man nicht mehr so viel. Geh mal durch die Wohnung! Hast du vielleicht eine Küchenmaschine in deiner Küche, die du nicht mehr verwendest? Schaff Platz, bekomm neue Energie, verkauf alles, was du nicht brauchst, über eBay oder verschenk die Teile! Jemand anderer braucht den Gegenstand, freut sich und du hast mehr Platz und Geld durch den Verkauf.

DIE VERPACKUNGSKORDELN

Wenn du ein Geschenk aufhübschen und Maschen machen willst, wäre es eine Möglichkeit, die Maschen aus alten Kleidungsstücken herzustellen. Da sind deiner Kreativität keine Grenzen gesetzt. Meiner schon, denn ich bin leider nicht so kreativ. Daher sind meine Geschenke auch ausschließlich in Zeitungspapier verpackt und es gibt keine Maschen. Aber die Bilder auf meinem Geschenkpapier, die sprechen sowieso schon für sich.

Kraftplatz

KRAFT AUS DER NATUR

Gibt's in deiner Umgebung einen Park oder einen Wald? Geh hinaus und hör den Vögeln zu, lass dein Telefon daheim oder schalt es ab! Zwanzig Minuten am Tag bringen dir Tiefenentspannung.

KONSERVENDOSEN – SCHENKE IHNEN EIN ZWEITES LEBEN!

Du hast die Möglichkeit, Konservendosen einfach im Konservendosencontainer draußen auf der Straße zu entsorgen, ODER du schenkst ihnen ein zweites Leben und verwendest sie als Aufbewahrungsbehälter. Z. B. mit einem Stoff nett dekoriert für deine Kosmetiksachen.

SENSIBLES THEMA – GRABSTEIN ZU VERKAUFEN

Du hast ein Erbe angetreten und da ist auch ein Grab dabei, das nicht mehr gebraucht wird? Dann hast du die Möglichkeit, den Grabstein, der bei diesem Grab steht, zu verkaufen. Sprich mit deiner Steinmetzin oder deinem Steinmetz! Du bekommst Geld dafür. An diese Möglichkeit denkt man nicht.

ERBEN

Du hast etwas geerbt. Z. B. hat dir Tante Mitzi ein Haus vermacht und die Sachen, die Tante Mitzi hatte, brauchst du nicht. Du kannst nun entweder einen Hausflohmarkt veranstalten, und sag jetzt nicht, dass das alte Zeug niemand braucht. Es gibt nämlich wirklich oft Dinge, die jemand anderen sehr wohl interessieren, aber dich halt nicht. Denk darüber nach! ODER du kannst die alten Sachen einem Räumungsunternehmen geben. Dann bekommst du zwar kein Geld dafür, aber vielleicht ist die Räumung zumindest gratis.

Kürzlich haben Freunde von mir das Haus ihrer Tante geerbt und ich war wirklich baff, wie viel Geld sie zusätzlich zum Verkauf des Hauses durch den Verkauf sämtlicher Dinge, die noch im Haus waren, bekommen haben. Das ist echt nicht zu unterschätzen. Es gibt die Möglichkeit, fast alles – Küchengeräte, Staubsauger, Waschmaschine, Porzellan, Bücher usw. – auf willhaben zu verkaufen. Alles, was du dafür brauchst, ist ein wenig Zeit.

FIT MACH MIT – „ALLES GEHT"

Ich meine das in zweifachem Sinn.

Erstens: Wenn man sich entschließt, mehrere Strecken zu Fuß zu gehen, kommt das Körper und Seele zugute. Du wirst sehen, da siehst du plötzlich Dinge, die du vorher noch nie wahrgenommen hast. Du lernst deine Umgebung ganz anders kennen. Sprit bzw. ein Ticket sparst du so auch.

Zweitens: Wenn du durch die Straßen gehst, kommst du vielleicht mit anderen Leuten ins Gespräch und das ist doch total nett.

ENTSCHEIDUNGEN VERÄNDERN DAS LEBEN!

Steig aus deiner Komfortzone aus! Wer sagt, dass man nicht weniger Stunden arbeiten kann und darf? Es stimmt, es gibt weniger Gehalt, aber das tauscht man für ein GEHALTvolleres Leben ein. Du ersparst dir sehr viel Stress und gewinnst Lebenszeit. Natürlich bringt jede Entscheidung, die man trifft, neue Herausforderungen mit sich. Klagst du vielleicht schon seit Langem über einen Job, der dir extrem viel Energie kostet? Natürlich musst du mit den Veränderungen zurechtkommen, die diese Entscheidung mit sich bringt. Denn weniger Arbeitszeit bedeutet meist weniger Gehalt, oft jedoch mehr Lebenszeit. Was ist dir also mehr wert?

Viele Leute haben Angst, solche Entscheidungen zu treffen, da sie nicht wissen, welche Veränderungen auf sie zukommen werden.
Sie bleiben in einem Job, der sie anödet. Bleiben in einem Job, der ihnen eigentlich das Leben kostet, kaufen sich dann ganz viele unnötige Dinge, weil sie sich damit für die Arbeit, die sie nicht wollen, entschädigen möchten. Vielleicht entspricht jedoch gerade dieses Geld, das sie quasi als „Entschädigungsleistung“ für verlorene Lebenszeit ausgeben, genau jener Summe, auf die sie in einem Job mit weniger Stunden verzichten würden. Somit sollte die

Entscheidung schon viel einfacher sein ... entscheide dich für die Arbeit, die dich erfüllt, dann brauchst du auch keine Frustkäufe mehr machen. Denk darüber nach!

Kraftplatz

SCHLAF POSITIV EIN

Du legst dich ins Bett und bist schon bereit einzuschlafen. Nun schließt du deine Augen und überlegst dir drei Wörter. Drei Wörter, die dir guttun. Z. B.: Gelassenheit, Gesundheit, Freude. Diese positiven Wörter sagst du dir einige Male im Geiste vor. Auf diese Weise nimmst du sie mit in den Schlaf. Es könnte sein, dass du am nächsten Morgen mit einem Lächeln aufwachst.

STROM

Na ja, ein richtig stark elektrisierendes Thema in diesen Tagen, oder? Die Stromkosten haben sich gewaltig erhöht. Wie viel Strom benötigst du im Jahr? Hast du dir das schon mal angeschaut und gibt's ein Einsparungspotenzial? Gibt's Geräte, die immer im Stand-by-Modus sind? Drehst du wirklich das Licht ab, wenn du von einem Raum in den anderen gehst? Hast du Energiesparlampen? Durchleuchte mal dein Leben in Bezug auf deinen Stromverbrauch. Und dann geh den Stromfressern gnadenlos an den Kragen!

MACH SIE ZUR DETEKTIVIN ODER ZUM DETEKTIV!

Mach dein Kind oder – wenn du keines hast – deine Nichte oder deinen Neffen zur Detektivin oder zum Detektiv. Kinder sind einfach gnadenlos, echt und ehrlich. Wenn sie schon in dem Alter sind, in dem du mit ihnen diskutieren kannst, frag sie doch mal, wo du im Haushalt Strom sparen kannst. Ich sage dir, du wirst wirklich Wunder erleben.

UND JETZT MAL GANZ EHRLICH

Wirfst du Nahrung weg? Und wie voll ist dein Vorratsschrank? Wegkochen! Erinnerst du dich noch an den Lockdown? Wir haben alle ... also zumindest ich ... gehamstert. Es war eine ganz neue Erfahrung. Die Vorratsschränke waren daraufhin prall gefüllt und wir sind nicht verhungert. Aber war das Hamstern wirklich nötig? Denn was haben wir festgestellt?
Wir haben bemerkt, dass wir a) ziemlich viel – tatsächlich oft sogar zu viel – in unseren Vorratsschränken haben, dass wir b) außerdem gar nicht so viel zu essen brauchen – bist du da auch draufgekommen? – und dass wir c) auch ganz einfache Gerichte ohne viele Zutaten kochen können.
Wie wär's, wenn du heute mal deinen Vorratsschrank ausräumst und schaust, was du alles hast? Vielleicht machst du dir sogar eine Liste, damit du's auch optisch wahrnehmen und dann einfach alles von dieser Liste wegkochen kannst. Ich denke, viele von uns haben meist viel - zu viel - und können auf jeden Fall Geld sparen, wenn wir einmal all unsere Vorräte verbrauchen, bevor wir etwas Neues kaufen.

Kraftplatz

BLUMENDUSCHE GEWÜNSCHT?

Na ja, es geht nicht wirklich um eine Dusche mit Blumen. Aber jemand wird dir „Blumen“ in Form von Worten schenken. Als ich in meiner Firma einmal ziemlich viele Probleme hatte und so richtig am Boden war, hat einer meiner Mitarbeiter gesagt: „Sylvia, komm in den Besprechungsraum! Du setzt dich jetzt da auf den Sessel in der Mitte und machst die Augen zu!“ Um mich herum haben sich meine Mitarbeiterinnen und Mitarbeiter im Kreis gesetzt. Und dann haben sie mir Blumen geschenkt. Und zwar so, dass sie mir positive Dinge gesagt haben: „Sylvia, du bist freundlich. Sylvia, du bist sozial. Sylvia, man kann mit jedem Anliegen zu dir kommen ...“ Hast du Freunde? Familie? Dann bitte sie, dir solches Feedback zu geben, wenn es dir gerade nicht so gut geht. Es wird dich aufrichten. Ich habe damals zu weinen begonnen. Diese Worte, diese Anerkennung hat mich sehr berührt, es war für mich wie Nektar, der mir Kraft gegeben hat. Meine Mitarbeiterinnen und Mitarbeiter haben das Feedback zusätzlich auf Kärtchen geschrieben, die ich mir in mein Büro gehängt habe. Ich erinnere mich bis heute gerne daran.

SCHLAFENDES WLAN SENKT STROMVERBRAUCH

Wie ist das mit deinem WLAN, falls du eines hast? Läuft das Tag und Nacht? In der Nacht, wenn du schläfst, da brauchst du’s ja wirklich nicht! Es gibt z. B. die Möglichkeit, dass du eine Zeitschaltuhr verwendest und dein WLAN zu gegebener Zeit schlafen schickst.

WIE WÄR'S DAMIT?

Eine Idee von mir: Du und deine Freundinnen und Freunde, ihr tut euch zusammen. Die eine oder der eine kann dies, die andere oder der andere kann das. Macht euch einen Tag im Monat aus, an dem ihr euch trefft und an dem alles repariert wird, was einer Reparatur bedarf. Geräte, Kleidung ... und jetzt kommt vielleicht gleich dein Einwand: „Ich kann ja gar nichts reparieren oder nähen und handwerklich arbeiten kann ich schon gar nicht!" Okay, ich verstehe, aber vielleicht kannst du einem fremden Kind Nachhilfe geben und damit auch deinen Beitrag leisten.

DIE EIN-JAHRES-WETTE

Ich habe mit meinem Mann gewettet, dass ich mir ein Jahr lang keine neuen Modeprodukte kaufe. Das ist ein Verzicht, den ich sehr bewusst mache.

Und wenn du mich fragst, wie ich mich jetzt, einige Monate nach dem Start dieser Wette fühle, so kann ich dir sagen, dass ich mich frei fühle. Mich interessiert keine Tasche mehr, mich interessieren keine Schuhe. Weggeschaltet, weggeklickt, ausgeknipst! Diese Bedürfnisse gibt's nicht mehr. Versuch das mal mit Dingen, von denen du sowieso schon genug hast. Mode interessiert mich nach wie vor. Ich kombiniere meine Teile jetzt viel kreativer. Worauf könntest du ein Jahr lang verzichten und dich so nicht nur challengen, sondern auch Geld sparen?

SCHENK DEM STAAT NICHTS!

Wenn es ums Thema Steuererklärung geht, stöhnen viele Leute gleich auf. Verständlich. Sie scheuen sich, online ihre Steuererklärung auszufüllen, da sie nicht genau wissen, wie man das korrekt macht. Dadurch schenken sie dem Staat allerdings Geld. Vielleicht findest du jemanden, der sich damit auskennt und der dir beim Erstellen deiner Steuererklärung hilft. Du hebst dir am besten das ganze Jahr über alle brauchbaren Rechnungen von Dingen, die du gekauft hast, in einer Schachtel auf.

Z. B. von Elektrogeräten. Vielleicht kannst du einige davon in die Steuererklärung nehmen. Such jemanden, der sich mit der Einstellung von Steuererklärungen gut auskennt. Der Person, die dir hilft, gibst du dann einfach zehn Prozent von deinem Gewinn ab. So eine Steuererklärung ist schnell gemacht. Kann sein, dass da Geld reinkommt.

KREDIT AUFNEHMEN? DA KANNST DU GELD SPAREN

Wenn du einen Kredit aufnehmen musst, dann mach vorab eine Liste und vergleiche die Konditionen der Banken. Es geht um den Sollzinssatz und vor allem um die Bearbeitungsgebühr. Viele Banken sind nämlich dazu übergegangen, keine Bearbeitungsgebühr für einen Kredit zu verrechnen. Manche verrechnen diese Gebühr aber schon und sie kann bis zu 200 Euro betragen.

NICHT FÜR DEN URLAUB!

Nimm auf keinen Fall für deinen Urlaub einen Kredit auf. Wenn du einen Kredit aufnimmst, dann nur für Immobilien, eine Wohnung oder ein Haus. Was meinst du, wie fühlst du dich, wenn du im Urlaub am Meer bist, die Sonne gerade untergeht und deine Laune spätestens am letzten Tag auch im Meer versinkt, weil du weißt, dass dieser Urlaub auf Pump war? Das ist sicher kein angenehmes Gefühl, also lass das!

Kraftplatz

IN WELCHE RICHTUNG SOLL DEIN LEBEN SICH ENTWICKELN?

Wenn du nicht weißt, was dein Ziel ist, kannst du nicht darauf zugehen. Eine Idee: Setz dich hin, nimm ein Zeichenpapier, eine Schere und einige Zeitschriften. Schneide nun Wörter und einige Bilder aus. Mit ein paar Stiften und Klebstoff machst du dann eine Collage. Wie soll dein Leben in fünf Jahren idealerweise aussehen? Während du die Collage machst, fokussierst du deine Ziele. Die Collage hängst du dir dann dort, wo du sie immer gut sehen kannst, auf. Du siehst dieses Bild dann mehrmals am Tag und je mehr du darauf achtest und darauf zugehst, desto mehr wird dein Leben genau in diese Richtung gehen und deine Zukunftsvisionen werden sich verwirklichen.

DER HAUSBANK FREMDGEHEN – DAS KOMMT TEUER

Heb dein Geld lieber beim Bankomaten deiner Hausbank ab, denn bei fremden Banken fallen dafür teilweise Gebühren von 3,50 Euro bis 5 Euro an.

FRAUEN UND PENSIONSARMUT

Aufgepasst, liebe Frauen! Dabei geht es nun nicht um das Sparen im Hier und Jetzt, sondern um euer zukunftsorientiertes Leben. Ich habe oft in meiner Firma gehört, dass Frauen unter der Geringfügigkeitsgrenze arbeiten wollten, weil sie beim Mann mitversichert waren und dann ein Freibetrag ausnutzbar war. So „erarbeitest" du keine Jahre für deine Pension! Denkst du daran, dass du später einmal nur eine ganz geringe Pension bekommen wirst? Man sollte mindestens 15 Jahre gearbeitet haben, damit man auf eine Pension Anspruch hat. Verzichte nicht darauf! Schau auf dich als Frau und denk zukunftsorientiert!

HANDWERKERRECHNUNGEN

Achtung! Die Kosten für die Arbeitszeit von Handwerkerinnen und Handwerkern sind steuerlich absetzbar. Kläre, ob bei deiner Steuererklärung Handwerkerkosten, also der Stundensatz ohne Material, absetzbar sind. Sogar das Schneeräumen vom Gehsteig zählt dazu. Man braucht hier jedoch zwingend eine Rechnung. Hebe diese gut auf!
Noch was: Hecken schneiden, Rasen mähen, Betreuung alter Leute, Kinderbetreuung – 20 Prozent der Kosten sind

absetzbar. Die Obergrenze liegt bei 400 Euro im Jahr und es bedarf immer einer Rechnung.

Kraftplatz

EIN BRIEF AN DICH!

Vielleicht auch eine Idee für dich.
Der 31.12. ist für mich ein sehr guter Tag, um das vergangene Jahr nochmals vorbeiziehen zu lassen. Was war gut, was hätte besser sein können? Worauf habe ich keinen Einfluss gehabt und habe es doch gut gelöst? Was wünsche ich mir vom nächsten Jahr? Ich schreibe mir jedes Jahr einen Brief, den ich dann in der Mitte des Jahres lese. So erkenne ich, wie ich die Welt vor einem halben Jahr gesehen habe und was sich verändert hat.

WEIHNACHTEN UND DIE BELEUCHTUNG

Weihnachten ist so ein Thema. Zu Weihnachten sind wir hoffentlich alle froh, wir sind glücklich und wir möchten das auch schon vorher sein. Deshalb beleuchten wir unseren Garten und unsere Fenster jedes Jahr schon Mitte November mit ganz vielen Lichtern, mit Weihnachtsmännern, die auf das Haus raufklettern, mit Rehlein, Sternen, Engeln. Der Strom dafür kostet Geld.
Und da kommt jedes Jahr noch mehr Beleuchtung dazu und noch mehr. Manchmal fahre ich zur Weihnachtszeit durch die Straßen und komme nicht umhin zu denken, dass da eine wahrliche „Weihnachtsbeleuchtungskonkurrenz" herrscht. Bist du da auch dabei? Ist dir bewusst, wie viel Geld diese Beleuchtung kostet und wie viele Stunden du dafür arbeiten musst? Es ist nur eine Anregung. Für

„Weihnachtsbeleuchtungsfreaks" sind Einsparungen in diesem Bereich vielleicht aber auch kein Thema.

BEWEGUNGSMELDER BZW. SCHALTUHR

Mein Arzt hatte früher etwas ganz Cooles in der Toilette, und zwar musste man da keinen Lichtschalter drücken, sondern eine Uhr, auf der dann – tick, tick, tick – wie bei einer Eieruhr die Zeit abgelaufen ist, bis das Licht automatisch abgedreht wurde. Jetzt hat er sie ersetzt und mir tut das wirklich leid. Ich habe das fein gefunden, dass dort kein Strom vergeudet worden ist. In einer Arztpraxis vergisst man aufgrund der Aufregung am WC nämlich schnell, das Licht abzudrehen. Für diesen Tipp brauchst du jedoch keine Arztpraxis zu haben. Überlege mal: Wo in deiner Wohnung könnte eine Zeitschaltuhr sinnvoll sein? Gibt es einen Raum, bei dem du dich vielleicht immer wieder ertappst, das Licht aufgedreht zu lassen?

DEINE ARBEITSZEIT = DEINE LEBENSZEIT

Wenn du dir etwas Neues kaufen möchtest, was auch immer das ist, dann denk darüber nach, ob du es wirklich brauchst! Warum erwähne ich das jetzt nochmals? Weil ich dir eine ganz konkrete Frage stellen möchte: „Wie viel Arbeitszeit kostet dieses Teil? Wie viel Lebenszeit, die du dafür mit Arbeit verbringst, kostet es dich, dieses Teil zu erstehen?" Eine Anregung, die dir dabei helfen soll, impulsiven Käufen standzuhalten.

Bunt gemischt

ICH LIEBE ESSIG – UM FILZSTIFTE ZU BELEBEN

Das habe ich dir bereits ein paar Seiten zuvor gestanden. Essig hat so viele Anwendungsbereiche im Haushalt, dass ich in diesem Buch gar nicht alle aufzählen kann. Aber einen Geheimtipp verrate ich dir hier noch: Mit Essig – einer wahren Wunderwaffe – kannst du sogar eingetrockneten Filzstiften wieder neues Leben einhauchen bzw. „einfüllen“. Tauche den Stift dazu einfach kurz in Essig, verschließe ihn mit seinem Stöpsel und warte eine Nacht lang. Am nächsten Morgen funktioniert der Filzstift wieder.

DIE LUNCHBOX

Ich nehme an, dass du deine Jause in eine Lunchbox legst. Plastiksackerl sind kein Thema, oder? Jedes Sackerl kostet dich ein paar Cent.

IST DAS BÖRSL LEER, GIBST DU TROTZDEM GESCHENKE HER

Reimt sich, oder? Hast du nicht so viel Geld für Geschenke? Kein Problem! Dann werde mal kreativ! Du kannst z. B. einen Gutschein fürs Autoputzen verschenken, denn Autoputzen mag tatsächlich fast niemand so wirklich. Bastle dafür einen netten Geburtstagsgutschein. Eine weitere Idee wäre ein Gutschein fürs Rasenmähen. Hier noch ein ganz wichtiger Tipp: Wenn du einen Gutschein verschenkst, ist es ganz wichtig, dass du auch wirklich das Auto putzt oder den Rasen mähst. Sonst ist es nämlich ein Fake-Gutschein und dieser geht nach hinten los.

BATTERIEWECKER, DIGITALER WECKER ODER ALTER WECKER

Am Flohmarkt oder bei einer Altwarenhändlerin oder einem Altwarenhändler kann man immer noch Uhren erstehen, die zum Aufziehen sind. So sparst du Strom, das dein Mobiltelefon verbraucht. Und - ich habe hier so eine Theorie - ich meine, ohne Stromwecker oder Mobiltelefon neben dem Bett hat man einen viel gesünderen Schlaf. Natürlich muss man sich dann an das Ticktack eines alten Aufziehweckers gewöhnen.

KATZENKISTERL

Wenn deine Katzen in ein Kisterl machen, stell daneben einen Kübel fürs Ausmisten hin und gib einen dichten Deckel drauf! So sparst du Plastiksackerl.

HEIZKÖRPER

Heizkörper strahlen Wärme ab und wenn man etwas zu nahe an diese dranstellt, dann wird die Strahlung behindert und kann nicht so gut wirken. Schau also mal nach, ob deine Möbel zu nah am Heizkörper stehen!

GLUCK, GLUCK, GLUCK

Nein, das ist keine Musik, das sind deine Heizkörper, die ihre eigene Musik machen. Zu Beginn der Heizperiode ist es sehr ratsam, die Heizkörper zu entlüften, dann arbeiten diese nämlich besser. Es gibt eigene Schlüssel dafür.

ACHTUNG – FAKE NEWS!

Wenn du meinst, dass es sinnvoll ist und du Geld sparst, wenn du im Winter die Heizung komplett abschaltest, irrst du dich. Dein Maler freut sich über seinen Umsatz, wenn er den Schimmel entfernt, der durch ungeheizte Räume entsteht.

NOCHMALS DAS THEMA HEIZUNG

Im Winter mit einem kurzärmligen T-Shirt im Zimmer zu sitzen, das ist so eine Sache. Du könntest dir auch überlegen, einfach eine Weste anzuziehen oder dich generell wärmer zu kleiden. Warme Socken? Ja! Probiere einfach aus, wie weit du deine Heizung runterdrehen und in deiner Wohnung trotzdem noch angenehm leben kannst. Sei dir bewusst: Jedes Grad weniger spart Heizkosten.

HOBBYHANDWERKERIN ODER HOBBYHANDWERKER?

Du bist handwerklich versiert? Manche Sachen weißt du aber vielleicht doch nicht so genau? Schau mal auf YouTube, vielleicht kannst du kleine Arbeiten ganz einfach selbst erledigen. Eine Anleitung auf YouTube zu schauen ist vielleicht kein neuer Tipp, aber sieh es als deinen Motivationskick. Trau dich. Du kannst das!

KEINE HOBBYHANDWERKERIN ODER KEIN HOBBYHANDWERKER?

Du bist mit zwei linken Händen „gesegnet“? Alles klar, da bist du ganz sicher nicht allein! Ich habe für dich eine mögliche Lösung gefunden: Das ist die Werbung für den Reparaturbonus: „Vermissen Sie den vertrauten morgendlichen Duft, weil Ihre Kaffeemaschine den Geist aufgegeben hat? Schauen Sie in traurige Kinderaugen, weil das liebste Spielzeug nicht mehr leuchtet und hupt? Geben Sie nicht auf und Ihren Elektrogeräten eine zweite Chance. Das ist nicht nur viel billiger, sondern auch umweltfreundlicher. Und das mehr denn je. Denn wenn Sie jetzt defekte Elektrogeräte für Haushalt, Freizeit und Garten wie Toaster, Fernseher und Rasenmäher reparieren lassen, sparen Sie mit dem Reparaturbonus 50 Prozent und tun darüber hinaus etwas Gutes für das Klima und die Umwelt. Bis zu 200 Euro je Reparatur übernimmt das Klimaschutzministerium und Sie zahlen in Ihrem Reparaturbetrieb nur noch die Differenz."[12]

DU HAST DEIN EIGENES HAUS?

Okay, dann geh mal auf den Dachboden und schau, ob er wärmegedämmt ist. Ein Hut am Kopf von uns Menschen verhindert viel Wärmeverlust. Das Dach ist der Kopf des Hauses. Es ist also ganz wichtig, dass sich auf dem Dach eine Wärmedämmung befindet, dann heizt du nicht „für draußen".

TÜREN UND FENSTER

Ein Auto bringt man immer zum Service. Bei Türen und Fenstern denkt man aber nicht so oft daran, diese mal warten zu lassen. Fenster haben Gummidichtungen, und wenn diese alt und brüchig sind, zieht die Wärme nach außen. Schau dir mal deine Gummidichtungen an! Du sparst Heizkosten, wenn du neue in die Fenster klebst.

DU LIEBST ES, IN EINER ALTEN WOHNUNG ZU WOHNEN?

Cool, oder? Hohe Räume und alte Fenster. Aber die kostbare Wärme zieht da leider oft durch die schönen, alten Fenster ins Freie. Wenn du nicht die Eigentümerin oder der Eigentümer der Wohnung bist, wirst du wohl

12 www.reparaturbonus.at

keine neuen Fenster einbauen lassen. Du könntest allerdings z. B. auf ganz altmodische Art und Weise Fensterkissen vor die zugigen Stellen legen und schon sparst du ein bisschen Geld.

WENN DIE KINDER AUSGEZOGEN SIND, ...

... dann sitzt du vielleicht ganz allein in einer großen Wohnung oder in einem riesigen Haus. Hast du dir schon mal überlegt, dein Haus zu verkaufen? Würdest du dir diesen Schritt zutrauen? Könntest du dir vorstellen, in ein kleineres Haus oder sogar in eine Wohnung zu ziehen? Ich habe mein Haus verkauft und wohne nun in einer Wohnung. Lange Zeit habe ich gar nicht bemerkt, wie sehr mich mein Haus belastet hat. Da stand im Raum: „In zehn Jahren vielleicht ein neues Dach, neue Abflüsse ...", und plötzlich ist mein Haus noch dazu auf einer Seite eingesunken ... es war ein altes Haus. Ich wusste nicht, was los war. Jetzt bin ich alle Sorgen los. Ich muss nicht mehr Schnee schaufeln. Natürlich ist es ein großer Schritt. Loslassen ist da das Thema, denn schließlich stecken viele Erinnerungen in einem Gebäude, in dem man sehr lange gelebt hat. Aber vielleicht befreist du dich mit diesem Schritt sogar von einer großen Last. Falls du hier Unterstützung bei der Entscheidungsfindung benötigst, coache ich dich gerne in dieser Sache: www.simacoaching.at.

ACHTUNG LOCKVÖGEL

Achtung bei Lockangeboten von Stromanbietern! Meist ist

der Betrag am Anfang zwar recht günstig, aber lies deinen Vertrag bitte sehr genau durch, denn es kann sein, dass sich die Kosten schon im zweiten Jahr beträchtlich erhöhen werden.

ZÄHLERSTÄNDE MONATLICH ABLESEN?

Ja sicher! Denn das bringt jede Menge Klarheit und gibt dir die Möglichkeit, Abweichungen gegenüber dem Vorjahr rasch zu erkennen.
Welche Zählerstände meine ich damit? Jene von Strom, Wasser und Gas. Und jetzt sag ich dir, um welche Abweichungen es geht.
Wasser: Wenn in deinem Haus mehr Wasser als im gleichen Monat des letzten Jahres, also wirklich deutlich mehr, verbraucht wurde, dann kann es sein, dass ein Rohrbruch vorliegt. Je schneller das erkannt wird, desto besser. Denn das Geld, das verloren geht, wenn Wasser unnötigerweise wegfließt, wird dir von niemandem ersetzt.
Strom: Wenn mehr verbraucht wurde, stell dir folgende Fragen: „Habe ich neue Geräte gekauft? 'Saugt' ein Gerät im Stand-by-Modus zu viel? Oder ist etwa der Kühlschrank oder die Kühltruhe vereist und frisst deshalb mehr Strom als sonst?“ Wenn du frühzeitig Abweichungen bemerkst, kannst du schneller der Ursache auf den Grund gehen.
Gas: Ist der Winter viel strenger als im letzten Jahr? Lüftest du schlecht und sind deine Fenster den ganzen Tag gekippt? Oder ist das Thermostat einfach zu hoch eingestellt? Gib Acht und vergleiche! So hast du immer die Möglichkeit, rasch darauf zu reagieren und Geld zu sparen.

Z WIE ZU

Letzter Tipp: Im Winter Rollos runterlassen und Vorhänge zumachen, wenn's dunkel ist. So kann nämlich weniger Wärme nach draußen ziehen und du sparst Energiekosten.

Du hast jetzt einen umfassenden Überblick erhalten, wo und wie du einfach Geld sparen kannst. Vielleicht sind nicht alle Tipps für dich passend, aber ich bin mir sicher du wirst fleißig sparen.

DIR SELBST ZEIT SCHENKEN

Ein Tag hat 24 Stunden, 1.440 Minuten oder 86.400 Sekunden.

Kraftplatz

Ist es möglich, dir pro Tag eine Minute - also tatsächlich nur 60 Sekunden dieser 86.400 Sekunden - zu schenken? Eintauchen in Stille und Ruhe und innerhalb von nur einer Minute Kraft tanken.
Geht das denn? In so kurzer Zeit Kraft schöpfen?
Sicher. Versuche es.
Wie? Ich zeig es dir. Komm mit zu einer Oase der Ruhe und erfrische dich!

So geht's:
Stelle bei deinem Mobiltelefon den Timer auf 1 Minute. Ja, tatsächlich nur 1 Minute und bitte nicht länger.
Versuche an einen Ort zu gehen, wo du eine Minute ganz für dich bist. Ganz ohne Störungen von außen.
Setze dich aufrecht auf einen Sessel. Beide Füße stehen

fest am Boden. Bitte nicht überkreuzen.
Die Hände liegen mit den Handflächen nach unten auf den Oberschenkeln.
Dein Kopf ist gerade. Das Gesicht ist nach vorn gerichtet. Stelle dir vor, dass du mit einem imaginären silbernen Seil hinten am Kopf etwas nach oben gezogen wirst. So wird dein Rücken gerade.
Wenn du willst, kannst du das Gesicht ein klein wenig nach vorn neigen.
Du atmest jetzt sanft und doch bestimmt und bewusst einmal ein und aus.
Und nun drückst du den Timer am Mobiltelefon. Start.
Jetzt ist deine Zeit für dich da. 60 Sekunden nur für dich.
Langsam schließt du nun die Augen. Du beobachtest deinen Atem. Es ist nichts zu tun. Du veränderst auch nicht deinen Atem. Du beobachtest nur. Denn es ist gut, so wie es jetzt ist. Es ist in Ordnung, wenn du vielleicht flach atmest oder dein Atem nun schneller wird. Du beobachtest nur.
Es ist für dich nichts zu tun. Nichts zu erreichen, nichts zu verändern oder zu bewerten. Es ist gut, so wie es ist. Es ist gut, wie du bist.
Sei Beobachterin oder Beobachter deines Körpers. Es werden Gedanken kommen. Ganz sicher sogar. Das ist völlig in Ordnung und normal. Begrüße diese Gedanken, du bewertest sie nicht. Du heißt sie willkommen. Du lässt sie da sein und dann lässt du sie ziehen. Es gibt jetzt kein Richtig oder Falsch. Alles ist gut, so wie es jetzt kommt. Und jeder Gedanke, der jetzt auftauchen möchte, ist

willkommen, erlaubt und darf dann auch wieder gehen.
Du beobachtest nur deinen Atem. Nichts weiter ist zu tun. Es ist nichts zu erreichen in dieser einen Minute, es ist nichts zu entscheiden. Du darfst einfach nur sein und deinen Atem beobachten. Genieße.
Mit der Zeit kann es so kommen, dass diese eine Minute viel zu kostbar erscheint, um währenddessen in Gedanken oder Sorgen zu verweilen. Gedanken kommen, du heißt sie willkommen und verabschiedest sie dann wieder.
Diese eine Minute kann vom Gefühl her immer anders verlaufen. Mal wirst du ganz aufgehen in dem Beobachten des Atmens, dann werden vielleicht immer wieder Gedanken „anklopfen". Du bewertest nicht. In dieser einen Minute hast du nichts zu tun, brauchst nichts zu entscheiden - sie gehört einfach nur dir!

Es ist nur eine Minute. Ein Tag hat 1.440 Minuten. Schenke dir diese eine Minute – und das vielleicht sogar öfter am Tag.
Sie ist lang – diese eine Minute. Das wirst du bemerken.
Sie ist wertvoll wie ein Diamant, der dir Ruhe und Kraft spendet. Oder wie ein frischer Quellbach, der dich in dieser einen Minute erfrischt und klar macht.
In der ersten Zeit ist es hilfreich, sich immer zur gleichen Zeit am Tag den Wecker zu stellen. Später dann, wenn du den Genuss, für eine Minute aus dem Hamsterrad auszusteigen, schon einige Male gefühlt hast, wirst du keinen Wecker mehr benötigen.
Viel Spaß! Viel Ruhe! Diese eine Minute wird Gelassenheit

und Freude in dein Leben bringen!

PS: Wenn du Kinder hast, können diese mitmachen. Oder du stellst dir ein Zeichen vor dich hin, sodass deine Kinder wissen und akzeptieren, dass diese Minute Mama oder Papa gehört. Sie werden sehen, wie gut dir diese Minute tut, und immer mehr und mehr akzeptieren, dass du dir diese eine Minute gönnst. Dadurch lernen deine Kinder auch: „Meine Mutter/mein Vater ist sich selbst wichtig. Sie/Er achtet auf sich."

Kraftplatz

WENN DU GLÜCKLICH BIST, SAG ES DEINEM GESICHT!

Hast du schon mal in der U-Bahn, im Bus oder einfach auf der Straße darauf geachtet, welches Gesicht die Menschen machen? Ich bin mal frisch zurück aus Indien mit meiner Tochter in Wien unterwegs gewesen. Da ist mir der Unterschied deutlich aufgefallen. In Indien sind die Menschen freundlicher, sie lächeln viel mehr als wir. Achte mal darauf, wie viele Leute in Österreich lächeln ... wenige. Das heißt, wenn du glücklich bist, sag's deinem Gesicht und zaubere ein Lächeln darauf!